KB188191

우리 아이가
이럴 땐
어떻게 할까요

우리 아이가
이럴 땐
어떻게 할까요

• 초판 1쇄 발행 2016년 8월 1일

• 지은이 변영인 지음
• 펴낸이 조유선
• 펴낸곳 누가출판사

• 등록번호 제315-2013-000030호
• 등록일자 2013. 5. 7.
• 주소 서울특별시 공항대로 637 B-102(염창동, 현대아이파크 상가)
• 전화 02-826-8802 팩스 02-6455-8805

• 정가 14,000원
• ISBN 979-11-85677-13-2

＊파본은 교환해 드립니다.
＊이 출판물은 저작권법에 의해 보호를 받는
저작물이므로 무단 복제할 수 없습니다.
＊독자의 의견을 기다립니다.
＊sunvision1@hanmail.net

우리 아이가
이럴 땐
어떻게 할까요

변영인 지음

완벽한 엄마보다 현명한 부모가 되자

아이보다 한 걸음 먼저 생각하라!
부모의 따뜻한 관심은 건강한 자녀를 만드는 지름길이다.
문제 있는 아이를 건강하게 키우는 교육비결 총 집합!

출판사
누가

아이를 이해하고 그들을 위해 헌신하는 것은 부모의 가장 중요한 소명 중에 하나일 것이다. 아이가 자라서 부모가 베푼 은혜를 갚기를 바라서라기보다 부모라면 누구나 아이의 생전과 행복에 대해 내면에서 책임감을 느끼게 된다.

생태학자 한스 요나스Hans Jonas 는 《책임의 원칙Das Prinzip Verantwortung》이라는 책에서 지금까지의 윤리학이 개인 중심이고 현재 중심이었다면 이제는 현재가 아니라 앞으로 만나게 될 어려운 일에 대한 관심까지 포함해야 한다는 의미에서 미래에 대한 책임 윤리를 주장하였다. 특히 우리가 살고 있는 이 시대에 부모의 육아와 염려를 책임의 원형으로 본 요나스의 주장은 대단히 중요한 의미를 갖는다.

《우리 아이가 이럴 땐 어떻게 할까요》는 문제 행동을 하는 아이들을 건강하게 키우기 위해 부모가 할 수 있는 일이 무엇인지에 대해 저자의 풍부한 현장 경험을 바탕으로 지혜를 모은 책이다. 저자인 변영인 교수는 가족 상담 분야에서 활발하게 교육과 상담 활동을 하고 계시는 분으로, 열정적인 강의와 헌신적인 노력은 많은 학생과 내담자에게 깊은 감동을 주고 있다. 특히 이 책은 가족 상담 분야에서 가장 중요한 주제인 '우리 아이'를 양육하는 과정에서 부딪히는 여러 가지 고민들을 심도 있게 다루고 있다.

우리나라는 자녀교육에 대한 관심이 높아 관련 서적이 많이 나와 있지만 막상 이러한 구체적인 문제들에 대해 일목요연하게 방안을 제시하고 있는 책이 별로 없어서 늘 안타까웠다. 이 책이 그 답답함을 해결해 줄 것으로 기대한다.

어린 시절에 받은 어머니의 사랑은 평생을 살면서 큰 위로가 되고 피난처가 된다. 그런데 대부분의 부모들은 자녀를 양육할 때 올바른 부모가 되는 교육을 받지 못한다. 이 책이 유아교육을 전공하는 학생들과 미래의 어머니가 될 젊은 여성들에게 널리 읽혀 좋은 부모가 되는 데 도움이 되기를 바란다.

1977년 아동의 해를 맞이하여 유니세프가 실시한 연구에 의하면 조사 대상국 중 한국의 어머니들이 체벌을 가장 많이 하는 것으로 나타났다. 이를 개선하기 위해서는 어머니가 행복해야 하며 성숙해져야 한다. 또한 아이의 마음을 이해하는 올바른 지침이 마음속에 자리잡혀 있어야 한다. 그런 의미에서 이 책은 부모의 도움 없이는 안심하고 살 수 없는 아이들을 이해하는 데 많은 도움이 될 것이다. 또한 이 땅에 사는 우리의 모든 자녀들이 마음속에 건강하고 고운 심성을 갖고 자랄 수 있는 기반이 될 것이다.

－김상윤(고신대학교 교수)

한 그루의 사과나무가 탐스러운 열매를 맺기까지는 자연의 악조건과 싸우고 햇빛과 싸우고 자양분을 받아들여 열매를 키우는 험난한 과정을 거쳐야 한다. 하물며 우리의 어린 생명이 인격을 지닌 성인으로 자라고 자신의 사람됨을 빚어 가기 위해 드는 수고는 말할 나위가 없을 것이다. 인간 생명체의 신비와 부모의 사랑과 수고는 더욱더 아름답고 좋은 성품의 사람으로 만들 수 있을 것이다. 어머니가 분만의 고통을 겪는 것처럼 어머니의 산고를 거쳐 이 세상에 태어나기 위해 아기도 열배의 고생을 해야 한다. 가장 작은 생명체인 아기는 그 모든 과정을 스스로 용감하게 수행하는 것이다.

이 경이롭고 위대한 생명이 한 인간으로 잘 성장하도록 부모는 인격과 성품, 지식을 갖추어야 한다. 아이가 한 인간으로 올바르게 성장하기 위해서는 발단계마다 폭넓은 이해와 다양한 대처 방법이 필요하기 때문이다.

한 생명이 발달하고 성장하는 데는 가족관계와 부모의 성숙한 대인관계가 가히 절대적인 영향을 미친다. 그러므로 이를 아는 것 자체가 육아의 시작이라고 할 수 있다. 우리는 아이들이 무엇을 느끼고 원하며 그것을 어떻게 표현하는지 이해해야 한다. 우리 아이들은 성숙한 성인이 되기까지 여러 가지 감정을 경험하고 표현하기 때문이다. 아이들의 감정은 비록 어리고 현재는 아무 능력이 없어도 긍정적으로든 부정적으로든 어떠한 모습이나 태도, 행동으로 나타나고 보여진다. 그런데 그 감정을 제대로 이해하고 헤아려줄 수 있는 부모가 가까이 있지 않으면 아이의 삶의 태도와 인생이 변하는 무서운 결과를 가져올 수 있다. 아이가 건강한 정서를 갖도록 도와주려면 먼저 부모가 건전한 감정의 본보기가 돼야 한다. 부모가 보모 역할과 가정생활을 하면서 부딪치는 가장 큰 문제는 아이의 태도에 어떤 반응을 보여야 하는지 결정하는 것이다. 아이의 감정과 습관은 성격과 삶의 태도를 형성하는 데 매우 중요한 역할을 한다. 부모는 아이가 스스로 자신의 감정을 파악하고 인식한 것들을 긍정적인 방법으로 표현하도록 가르쳐야 한다. 아이들이 자기 감정을 처리하는 법을 익히는 것이 앞으로 그들의 삶의 행ㆍ불행을 결정하는 초석이 되기 때문이다. 삶에서 피할 수 없는 것들 곧, 두려움을 극복하거나, 다른 사람의 거부를 경험하고, 슬픔과 어려움을 겪으며 성장한 아이는 정서가 안정되고 성숙한 인간으로 성장하게 된다.

　남녀노소를 떠나 인간이라면 누구나 두려움이나 분노, 행복이나 슬픔을 겪기 마련이다. 아이들은 이런 감정을 느낄 때 부모의 가르침, 가족들의 보살핌과 태도에 따라 자신의 감정을 받아들이고 대처할 수 있다.

　필자는 부모가 어떻게 하면 한 아이가 긍정적으로 자기감정을 처리하고 대처해, 행동이나 정서의 장애를 일으키지 않도록 도와줄 수 있을까 고민하였다. 그리고 부모가 아이의 마음을 조금이라도 헤아려 줄 수 있었으면 하는 바람으로 이 책을 준비하게 되었다. 부디 아이의 행동과 정서에 대해 이해하고 좋은 부모가 되도록 이 책이 유익한 도움을 줄 수 있기를 바란다.

자세한 자문을 보내 주셨던 소아정신과 진태원 박사님, (사)전인가족연구소에 애써준 김다혜 연구원, 남연주 선생을 비롯한 동서대학교 학우들, 이 책이 완성되기까지 책상에서 꼼짝 않고 어머니를 위해 기도해 준 나의 네 자녀에게 애틋한 사랑을 전한다. 그리고 기도로 힘을 준 남편에게 깊은 감사를 드린다. 마지막으로 우리 가족과 아이들의 앞날을 축복해주시는 하나님께 감사드린다.

−2016. 여름

변영인

:: 차례

1장

자기 이해가 없는 부모는
자녀를 망가뜨린다

문제 아이는
문제 부모가 만든다

사람은 태어나 삶을 마칠 때까지 가정이라는 울타리 속에서 생활을 한다. 부모와 형제자매와의 관계를 통해 다른 사람과 조화를 이루는 원만한 대인관계를 배우고 자신만의 고유한 인격을 형성하게 되는 것이다. 부모의 사랑과 형제간의 우애가 돈독한 가정에서 성장한 사람은 정서적으로 안정되어 있다. 반대로 불행한 가정에서 성장한 사람은 정서적인 장애를 안고 있다. 그래서 어떤 가정환경에서 성장했느냐에 따라 그 사람의 성격이 결정된다.

흔히 사람들은 "내가 어렸을 때 우리 엄마가……." 또는 "우리 아빠가……"라고 말하며 어린 시절을 떠올린다. 어린 시절의 기억은 대부분 부모와 같이 보냈던 시간이 차지하기 때문이다.

가족 간의 대화가 잘 이루어지고 가족 구성원들의 욕구가 충족되었다면 화목한 가정에 대한 행복한 기억을 간직하게 될 것이다.

그런데 어린 시절의 이야기를 잘 하지 않고 떠올리는 것 자체를 괴로워하는 사람이 있다. 어린 시절 가족 구성원들의 욕구가 충족되지 못해 갈등을 겪고 불행했기 때문이다. 이런 가정에서는 부부가 지나치게 서로를 간섭하거나, 반대로 대화가 전혀 없고 아이는 난 몰라라 한다. 이렇게 불행한 가정에서 자란 아이는 말썽을 일으킬 수밖에 없다.

아이가 잘못했을 때 부모들은 혼내면서 이런 말을 한다.

"넌 도대체 누구를 닮아 그 모양이니?"

아이의 현재 모습은 모두 부모가 만든 것이다. 제대로 성장한 아이도 문제 아이도 부모의 양육방법에 의해 결정되는 것이다. 그래서 가정을 꾸려가고 아이를 키우는 부모의 정신적 성숙도가 문제가 된다. 부모의 인격이 성숙하지 못하면 아이에게 부정적인 영향을 미쳐서 문제 아이가 되거나 행동 및 정서장애를 일으키게 된다.

가정이 사람의 인격 형성에 절대적인 영향을 미친다는 것은 더 이상 설명할 필요가 없을 것이다. 가정은 한 생명이 탄생하고 인격 형성에 필요한 '과정 환경'Process Environment이 된다. 다시 말해 부모는 아이의 인적人的인 '과정환경'이 되는 것이다.

이렇게 중요한 가정의 기능에 대해 알아보자.

순기능 가정이란 가족 구성원들의 욕구가 정상적으로 충족되는 가정을 말한다. 순기능 가정에서는 가족 간의 대화가 잘 이루어진다. 가족간의 감정 소통이 용이해 분위기가 부드럽다. 반면 역기능 가정이란 가족 구성원들의 욕구가 충족되지 않아 늘 갈등을 겪는다. 이런 가정에서는 지나치게 서로를 간섭하거나, 반대로 전혀 대화가 없어 분위기가 늘 냉랭하기 때문에 아이가 문제 행동을 일으키게 된다. 순기능 가정과 역기능 가정의 차이는 갈등이 있느냐 없느냐에 있는 것이 아니라, 의사소통을 통해 가족 간의 욕구 충족이 잘 이루어지느냐 그렇지 않느냐의 차이에 있다.

역기능 가정을 연구하는 학자들은 이러한 문제 가정에서 자라난 사람을 '성인아이'라고 부른다. 사람의 현재 모습은 과거부터 형성되어 온 것이다. 부모의 인격이 미성숙하면 아이의 인성과 행동 및 정서에 부정적인 영향을 미치기 마련이며, 부모가 '성인아이'일 경우에는 아이에게 매우 나쁜 영향을 미친다.

자라다 만 '성인아이'

'성인아이' 부모는 어렸을 때 칭찬받거나 사랑받은 경험보다 거절당하거나 야단맞고 학대받은 경험이 더 많다. 따라서 정서가 안정되어 있지 않다. 이들은 다음과 같은 공통점을 나타낸다.

1. 일상생활에서 정상과 비정상이 무엇인지 혼동한다.
2. 자녀교육과 가정 문제를 해결하는 데 어려움을 겪는다.
3. 자신에 대해 지나치게 비판적이고, 건정한 자아상이나 정체감이 없다.
4. 자신에 대해 심각하게 생각하며, 시간을 재미있게 보내지 못한다.
5. 자신의 생활을 통제하려고 하거나, 뜻대로 안 되면 약한 상대방에게 분노를 폭발한다.
6. 마음속 깊이 거절과 버림받는 것에 대한 두려움을 갖고 있으면서

도 남을 배척한다.

7. 자신은 남의 비난과 평가를 두려워하면서 아이에게는 비난을 퍼 붓는다.

8. 시간을 잘 관리하지 못하고 일의 우선순위를 잘 모른다.

'성인아이' 부모의 특징

'성인아이' 부모는 정서적으로 불안하다. 완벽 주의적 성향을 갖고 있어 모든 일을 흑백논리로 판단하고, 일상의 작은 사건을 옳고 그름의 잣대로 대하며 지나치게 완벽주의를 추구한다. 이런 성향으로 인해 자녀들을 다룰 때도 다정다감한 것이 아니라 두려움과 불신감을 갖고 대한다. 따라서 늘 뭔가에 쫓기는 사람처럼 보인다.

충동적이거나 자기 비하가 심하므로 아이를 꾸중하거나 훈계를 할 때도 지나치게 흥분하여 심하게 대한다. 그런 뒤에 금방 후회하고 감정적이 되거나 쉽게 보상해주기 때문에 아이들을 혼란스럽게 한다. 또한 아이들과 재미있는 시간을 보내거나 즐겁게 놀아주는 데 익숙하지 않다. 일상생활에서 자신감이 없고 외로워하거나 우울해한다. 이로 인해 아이는 정서가 불안정하게 된다.

이처럼 아이를 양육하는 부모가 정서가 안정되어 있지 않으면 자연히 아이에게 부정적인 영향을 미치게 된다. 그러므로 아이를 야단치기에 앞서 '나는 부모로서 자격이 있는가?'를 먼저 되물어봐야 한다.

아이는
부모를 닮는다

　사람마다 생각이나 행동이 다르기 때문에 아이를 양육하는 방식도 제각기 틀리다. 그런 점에서 아이는 부모를 닮는다고 할 수 있다. 그렇다고 아이가 부모의 운명까지 닮는 것은 아니다.

　어떤 사람은 운명이란 이미 정해진 것이어서 어떻게 해도 바꾸기는 어렵다고 생각한다. 반면에 돈이나 권력만 있다면 얼마든지 운명을 바꿀 수 있다고 생각하는 사람도 있다. 이외에 학력이나 종교, 배우자, 순간의 선택들이 운명을 바꿀 수 있다고 생각하는 사람들도 있다. 사람의 운명을 좌우하는 가장 큰 요소는 무엇일까? 바로 부모의 인격이다. 부모의 정신적 성숙도가 자신의 인생과 아이의 성격 형성에 큰 영향을 미치기 때문이다. 이에 대해 알기 위해서는 먼저 심리학에서 말하는 의식과 무의식의 세계에 대해 이해해야 한다.

의식과 무의식의 세계

사람이 말하고, 생각하고, 웃고, 화낼 수 있는 것은 의식을 갖고 있기 때문이다. 의식이란 깨어 있을 때 자기 자신이나 사물에 대해 인식하는 정신작용을 말한다. 흔히 정신이 있다 없다고 말할 때에 정신이 바로 의식이다. 사람의 의식은 이성에 의해 제어된다. 감정에 좌우되지 않고 상대방의 잘못을 용서해주거나, 처음 만나는 남녀가 적당히 내숭을 떠는 것도 의식이 작용하기 때문이다. 이처럼 의식이란 사람이 자기 마음대로 통제할 수 있는 정신의 영역이다.

이에 반해 무의식이란 자신의 행위에 대한 자각이 벗는 상태를 말한다. 평소에는 느낄 수 없는 억압된 충동이나 욕구, 기억, 원망 등 자신에게 있다는 것조차 느끼지 못하는 정신 영역으로 통제가 불가능하다.

의식이 바다 위에 드러나 있는 빙산의 일부분이라면 무의식은 바다 속에 잠겨 있는 빙산의 대부분이라고 할 수 있다. 사람은 자신이 갖고 있는 정신 영역의 아주 작은 부분만을 일상에서 사용하고 있을 뿐이다. 이처럼 무의식과 의식은 서로 지배하고 종속되면서 정신세계에 공존하고 있다. 의식과 무의식 사이에는 '심층감각 구조'Intersystemic sensor 라고 하는, 문구와 같은 역할을 하는 것이 가로놓여 있다. 이것이 의식과 무의식을 구분하는 경계선 역할을 함으로써 평소에 안정된 모습으로 생활할 수 있는 것은 심층감각 구조가 굳게 닫쳐진 상태로 의식을 보호해주고 있기 때문이다.

이 심층감각 구조는 부드러운 고무막처럼 생겨서 평소에는 닫혀 있지만 예기치 않은 요동이나 충격이 발생할 경우에는 열리게 된다. 살다

보면 슬픈 일이나 화나는 일이 생기기 마련이다. 그러나 사람들은 대체로 이를 참고 견디며 살아간다. 문제는 감당하기 힘든 일이 생겼거나 스트레스를 받았을 때 발생한다. 이를 어떻게 처리하느냐에 따라 그 사람의 정신적 성숙도를 알 수 있다.

인간은 자기가 감당할 수 없는 스트레스를 받으면 심층감각 구조가 열리게 된다. 가로막고 있던 경계선이 무너지고 문밖에 있던 무의식이 쏟아져 들어오는 것이다. 의식은 무의식의 지배를 받게 되며, 감정이 폭발하고 이성을 잃게 된다. 이럴 경우 의식은 나름대로의 방어 태세를 갖추게 된다. 불안, 죄책감, 갈등, 고민, 드러낼 수 없는 욕구 등 여러 가지 위협들로부터 자신을 보호하기 위해 무의식적의로 나타내는 행동 양식을 가리켜 정신분석학자 프로이드는 '정신방어기제'라고 표현한다.

완벽한 부모는 없다

'자식 이기는 부모 없다'는 말이 있다. 아이를 키우면서 느끼는 기쁨도 크지만 스트레스를 많이 받기 때문에 생겨난 말일 것이다. 프로이드의 학설에 따르면 사람은 스트레스를 받으면 곧 정신방어기제가 발동한다고 한다. 정신방어기제에는 여러 가지가 있는데, 주로 부정不定이나 억압, 합리화, 투사, 승화 등이 일반적이다. 스트레스를 받았을 때 어떻게 행동하는가, 곧 어떤 정신방어기제가 나타나느냐에 따라 그 사람의 인격을 알 수 있다.

부모가 스트레스에 어떻게 대처하느냐에 따라 아이의 성격이 달라진다. 논리와 원칙을 중요시하는 부모는 아이에게 냉정하고 차갑게 대한다. 매사에 합리적으로 판단하기 때문에 아이는 폐쇄적이고 경직된 성격을 갖게 된다. 이와 달리 다혈질적이고 행동이 앞서는 부모는 아이에게 지나칠 정도로 다정하게 대하다가 갑자기 예민해져서 신경질적으로 대한다. 이런 부모는 스트레스를 받으면 민감해져서 아이에게 과격하게 대하므로 아이의 성격도 예민해진다.

부모가 성숙하게 대처하느냐, 그렇지 못하느냐에 따라 아이에게 각기 다른 영향을 미치게 된다. 이런 예는 일상생활에서 얼마든지 찾을 수 있다.

어떤 부부가 크게 싸움을 하고 있다고 하자. 분명 두 사람 모두 스트레스를 받을 것이다. 이럴 때 어떻게 대처하는지에 따라 부부싸움의 결과가 달라진다. 부부가 모두 성질이 급하고 서로 공격적으로 대하면 화해하지 못하고 끝내 이혼에 이르게 될 것이다. 그러나 감정을 절제하고 성숙하게 대처하면 부부싸움은 '칼로 물 베기'나 다름없다. 상대를 배려하는 부부라면 오히려 서로에 대해 더 잘 이해하는 계기가 될 수 있다. 똑같이 부부싸움을 하더라도 어떻게 대처했느냐에 따라 결과는 이처럼 달라진다.

부부의 인격은 부부싸움뿐 아니라 자녀교육에도 큰 영향을 미친다. 부모의 생활태도를 바탕으로 아이의 정서와 의식이 형성되기 때문이다. 부모가 싸움을 할 때 아이는 한쪽 구석에서 장난감을 갖고 놀면서 그 모습을 모두 보고 듣는다. 아이는 어머니가, 혹은 아버지가 어떻게 이겼는지를 기억하고 있다가 자신이 싸울 때도 그 방법을 그대로 사용하게 된다.

아이는 학교에서 사귄 친구와 친하게 지내다가 가끔 다투기도 한다. 이때 아이는 부모가 싸웠던 방식을 그대로 따라 한다. 이처럼 가정에서 부모가 싸움을 할 때 어떤 정신방어기제를 사용하느냐에 따라 아이의 행동양식이 영향을 받는다. 폭력적인 기질을 가지고 있는 문제 아이들의 가정을 조사해보면 부모 역시 미성숙 정신방어기제를 쓰는 경우가 많다.

부모의 양육 방법은 아이의 행동뿐만 아니라, 생활태도와 의식을 형성하는 데 직접적으로 영향을 미친다. 방과 후 교정에서 이런 이야기를 나누는 아이들을 볼 수 있다.

"지영아, 나 어제 엄마한테 하루 종일 텔레비전만 본다고 혼났어."

"어! 너도 그랬어? 나도 그랬는데."

그런데 한 아이는 웃는 표정이고, 다른 한 아이는 불만스러운 표정으로 말한다. 이유가 무엇일까. 두 어머니의 양육방법이 다르기 때문이다. 아이가 공부는 뒷전이고 텔레비전만 본다면 당연히 어머니는 스트레스를 받을 것이다. 어머니가 성숙한 정신방어기제를 사용했다면 아이는 마음에 상처를 받지 않고 가르침을 자연스럽게 받아들일 것이다. 반대로 어머니가 때리고 소리치는 등 미성숙 정신방어기제를 사용했다면 아이는 불안해하거나 오히려 반발심을 가질 것이다.

부모들 자신은 텔레비전을 보면서 아이에게 공부나 하라고 소리치지 않는가? 아니면 책을 읽으면서 아이에게 같이 공부하자고 권유하는가? 혹시 잔돈을 쥐어주며 밖에 나가 놀라고 말하지는 않는가? 온 가족이 함께 휴식을 취하며 아이와 함께 시간을 보내는가? 아이를 기준으로 생각하는 부모와 자신을 기준으로 생각하는 부모는 다를 수밖에 없다.

훌륭한 자녀교육 도서를 탐독하고, 저명인사의 교육 특강을 쫓아다닌다고 완벽한 부모가 되는 것은 아니다. 자시 자신을 돌아볼 줄 모르고 미성숙 정신방어기제를 사용한다면 아이에게 나쁜 영향을 미칠 것이다.

아이를 건강하게 키우는 방법은 어렵거나 결코 멀리 있는 것이 아니다. 고매한 이론에 묻혀 있는 것도 아니다. 지금이라도 자신의 인격을 성숙하게 형성해 나가면 현명한 부모가 될 수 있다. 부모들이 평범한 진리를 깨닫고 실천할 때 자신과 아이의 삶이 더욱 행복해질 것이다.

한 번 더 생각하고 아이를 대하자

부모가 아이의 입장에서 생각하고 하는 행동과 어떤 자극에 의해 무의식적으로 대처하는 행동에는 큰 차이가 있다. 예컨대, 욕실에서 어머니가 목욕을 하고 있다고 하자. 어린 딸이 장난을 치다가 그만 스위치를 건드리는 바람에 전등이 꺼졌다. 당황한 어머니는 목욕탕에서 아이를 향해 신경질적으로 소리친다.

"너 또 장난친 거야? 엄마한테 얼마나 혼나야 그만둘 거야?"

욕실에서 나온 어머니는 아이의 뺨을 찰싹 때린다. 아이는 어머니가 왜 버럭 화부터 내는지 이해하지 못한다. 며칠 뒤, 아이가 무심결에 오디오 리모트 컨트롤을 건드려 갑자기 '쾅!' 하며 굉음이 울렸다.

"아이고, 우리 딸이 이다음에 커서 유명한 음악가가 되겠네."

아버지는 웃으면서 아이의 엉덩이를 토닥이고 껴안는다. 아이는 무심결에 한 행동인데 한번은 야단을 맞았고, 한번은 칭찬을 받았다. 이때 아이는 어머니와 아버지의 각기 다른 반응에 혼란스러워할 수밖에 없다.

일반적으로 부모들은 아이들에게 애정과 이해심을 갖고 대하며 교육하려고 노력한다. 그러나 어떤 일에 몰두해 있거나 갑자기 문제에 맞닥뜨렸을 경우 무의식적으로 반응한다. 이때 부모가 아이를 심하게 야단치거나 심지어 폭행하는 것은 성숙한 인격을 갖추지 못했기 때문이다.

부모의 정신적 성숙도는 자녀교육을 좌우하는 핵심이라고 할 만큼 매우 중요하다. 부모가 의식적으로, 혹은 무의식적으로 하는 행동에 따라 아이의 성격과 생활태도가 형성되기 때문이다. 부모가 일관된 교육 방침을 정하고 성숙하게 대처하면 아이가 느끼는 혼란이나 반발심도 적다. 그러나 반대의 경우에 아이는 심한 혼란을 겪게 된다.

앞에서 든 예에서도 아이가 같은 잘못을 했는데 부모가 보이는 반응은 전혀 다르다. 이럴 때 아이는 어떻게 느낄까. 자신이 무슨 잘못을 했는지 잘 모르는 채 어머니에게 반발심을 가지며 억울해 한다.

불행하게도 많은 부모가 성숙하지 못한 인격을 갖고 있다. 그래서 같은 잘못에 대해 칭찬을 하거나 폭력을 사용하기도 한다. 부모가 이런 행동을 반복하면 자녀는 부모의 눈치만 살피는 아이로 변하게 된다. 또 점점 기회주의적으로 행동하며, 이중적인 잣대를 갖고 세상을 바라보게 된다. 어떤 아이는 부모를 변덕쟁이로 생각하고 자신은 그 화풀이 대상이라고까지 여긴다. 이러한 가정환경에서 자라는 아이는 아무리 훌륭한 교육을 받아도 비뚤어지게 된다.

아이는 어렸을 때부터 반항심을 갖게 된다. 자신의 잘못을 이해하지 못하고 부모에게 이유 없이 야단맞는 것에 분한 감정이 쌓이기 때문이다. 나중에는 부모를 경멸하고 무시하는 감정이 싹트게 되어 잘못한 일에 꾸중을 들어도 무조건 반항하게 된다. 점점 아이는 매사에 규칙을 어기고 공격적이 된다. 그리고 부모에 대해 깊은 불신을 갖게 된다.

인격이 성숙된 부모는 일관된 양육방법을 유지할 수 있다. 그러나 부모가 무조건 꾸중만 하면 아이는 부모의 화풀이나 신경질로 받아들이고 사춘기에 문제 아이가 된다. 부모를 무시하고, 규칙을 어기는 문제 아이들은 문제 부모가 만드는 것이다.

완벽한 부모보다
현명한 부모가 되자

완벽한 부모가 되는 것은 불가능하다. 부모도 잘못을 하고 실수를 할 수 있는 인간이기 때문이다.

가족요법의 선구자인 버지니아 사티어Virginia Satir 는 부모도 연약한 인간으로, 먼저 자신의 인격을 고양시켜야 한다고 말한다. 그는 자녀를 양육할 때 생길 수 있는 문제로 죄책감에 빠지기 보다는 자신에 대한 변화를 시도하는 것이 현명하다고 주장한다.

다음은 사티어가 말한 사람의 마음이나 행동을 빠르게 변화시키는 방법이다.

1. 상황을 바꾸는 것은 불가능해도 사람은 변화할 수 있다.
2. 모든 부모는 자신이 할 수 있는 한 아이에게 최선을 다해야 한다.
3. 모든 사람은 문제를 해결하고 성장하는 데 필요한 내적 자원을

갖고 있다.

4. 사람들은 상황보다는 스트레스에 반응하고 선택하는 경향이 있다. 선택하기 전에 한 번 더 생각하라.

5. 마음의 병은 완치가 가능하고 건강해질 수 있다.

6. 사람은 희망을 갖고 있으면 변화할 수 있다.

7. 사람들은 공통점 때문에 함께 어울릴 수 있고, 서로의 다른 점을 기반으로 성장할 수 있다.

8. 인생에서 선택을 결정하는 것은 자기 자신이어야 한다.

9. 모든 사람은 자신이 존재하고 있음을 행동으로 표현한다. 아이의 별난 행동도 존재감의 표현으로 이해하고 긍정적으로 바라봐야 한다.

10. 사람은 대부분 과거에 경험했던 익숙한 것을 선택하는 경향이 있다. 결정을 내리기 전에 옳은지 그른지에 대해 한 번 더 고민하자.

11. 문제 자체보다 그 문제에 어떻게 대처하는가가 중요하다.

12. 감정은 사람에게 속해 있는 것이지 사람을 지배하는 것은 아니다. 그러므로 우리는 자신의 감정을 선택할 수 있다.

13. 사람들은 근본적으로 선하다. 우리는 자신의 존재 가치를 인정하면 인격을 향상시킬 수 있다.

14. 부모는 자신의 행동이 잘못됐다는 것을 알면서도 성장하면서 배운 익숙한 행동을 반복한다. 잘못된 행동을 고치기 위해 의식적으로 노력해야 한다.

15. 과거의 경험을 바꿀 수는 없지만, 그것에서 교훈을 이끌어낼 수

는 있다.

16. 과거를 인정하고 수용하는 것은 현재를 지배할 수 있는 능력을 향상시킨다.

17. 부모도 인간이다. 이것을 인정하고 부모로서가 아니라 인간적인 차원에서 자신을 되돌아봐야 한다.

18. 자신에 대한 존중감, 곧 자존감이 높을 수록 좀 더 건전하게 인생의 난관을 극복할 수 있다.

19. 사람이 훌륭한 인격을 완성하는 과정은 다른 상황에도 적용할 수 있다.

20. 과정은 변화에 이르는 수단일 뿐이다. 내용은 변화가 일어나는 원인을 고려해야 한다.

21. 자존감이 강한 부모가 자존감이 강한 아이를 만든다.

22. 건강한 대인관계는 서로가 동등하다는 것을 인정하는 것에서 형성된다. 부모와 자녀 사이에도 부모는 자녀를 인격적으로 대해야 한다.

아이와 대화를
나누자

데일 카네기는 "비판에 의해서는 사람을 변화시키기 힘들고 적개심만을 초래하게 된다."고 말했다. 그런데 감정을 표현하는 데 서툰 우리나라 부모들은 아이의 마음을 헤아리고 대화를 하기보다 야단부터 치려고 한다. 부모의 의견만 일방적으로 말하고 "어른 말 들어!" 하는 식으로 무조건 강요한다. 그러나 의사소통은 혈액 순환과 같아서 제대로 안 되면 손상되고 결국 병이 나기 마련이다.

부모들은 자신이 옳고 아이는 가르쳐야 할 대상이라는 고정관념을 갖고 있다. 자연히 아이에게 권위적으로 대해 감정 교류에도 문제가 생긴다. 이런 가정 분위기에서 자란 아이는 어렸을 때는 얌전하게 말을 잘 듣지만 사춘기를 겪으면서 문제를 일으킨다. 사춘기가 되면서 화를 잘 내고 충동적이고 공격적인 성격으로 변한다. 또한 자신의 의견을 잘 표현하지 못해 대인관계에 곤란을 겪는다. 이런 청소년은 성인이 되어도 사회에 적응하지 못한다.

　이것은 부모가 아이와 대화하는 방법에 문제가 있기 때문이다. 아이와 어떻게 대화를 나누어야 할까. 아이와 이야기할 때는 감정, 곧 기분이 나쁘지 않은 상태에서 해야 한다. 아무리 아이를 위한 말이라도 아이의 마음을 상하게 한다면 반발심을 불러일으킬 수 있다.

아이와 대화하는 기술

　끊임없이 질문을 던지는 아이와 대화하기 위해서는 인내심이 있어야 한다. 그런데 대부분의 부모는 아이의 질문에 성의 없이 대답해버리곤 한다. 아이의 말을 귀기울여 듣지 않기 때문이다. 그러고는 자신이 무슨 대답을 했는지조차 기억하지 못한다. 자연히 아이는 "그때는 이랬는데, 지금은 다르잖아!"라고 따지게 된다. 아이에게 거짓말쟁이 부모가 되는 것이다.

　물론 아이와 진지하게 대화를 나누기란 쉽지 않다. 부모는 아이의 세계를 잘 모르기 때문에 질문의 의도를 파악하기가 힘들다. 게다가 아이는 부모의 말을 조리 있게 이해할 능력이 부족하다. 때문에 부모가 아이들의 감정 표현에 무관심하거나 맞장구쳐주지 않으면 대화는 더욱 어렵다. 이런 상황이 계속되면 아이는 감정을 제대로 표현하지 못하고 엉뚱한 방향으로 폭발하기도 한다.

　아이의 질문 속에는 어른들이 쉽게 파악할 수 없는 아이만의 의도가 숨겨져 있을 때가 있다. 그래서 아이와 대화하는 것은 마치 암호를 해독하는 것과 같다. 아이가 한 말 속에 숨겨진 암호를 해독해야만 마음을 알 수 있기 때문이다. 아이와 대화할 때 구체적으로 어떻게 행동해야 하는 가를 다음에서 살펴보자.

아이의 눈높이에 맞추어라

여섯 살 난 아이가 만화영화를 보고 있다가 주인공이 유치원에서 선생님에게 야단맞는 장면이 나오자 아버지한테 달려와 묻는다.

"아빠, 우리나라에 유치원이 많아?"

자초지종을 잘 모르는 아버지는 아이가 벌써 유치원에 관심을 보이는 것이 기특해서 유치원교육에 대해 이것저것 이야기해준다. 그러나 아이는 마땅치 않은 표정으로 계속 물어본다.

"우리 동네에도 유치원 있어? 어디 있는데?"

"유치원에 애들 많아? 거기 가면 재미있어? 선생님이 막 혼내?"

한참 후에야 아버지는 아이가 질문하는 의도를 파악한다. 아이는 자신도 만화영화 속의 주인공처럼 유치원에 가서 선생님에게 혼나지 않을까 걱정하는 것이다. 그리고 아버지로부터 "너는 그럴 리 없다."는 대답을 듣고 싶었던 것이다.

이 아버지의 경우 참을성 있게 아이의 질문을 귀기울여 들었기 때문에 질문 속에 숨은 뜻을 알 수 있었다. 하지만 대부분의 아버지는 그렇지 못하다.

"네가 그런 것을 알아 뭐 하게? 나중에 물어봐, 아빠 지금 바빠."

신문을 펼치며 아버지는 아이의 질문을 무시해버린다. 이런 상황이 반복되면 아이는 '아빠하고는 말이 통하지 않아. 아빤 내 마음을 이해하려고 하지 않아.'라고 생각하게 된다.

학교에 갔던 아이가 잔뜩 화가 난 채 집으로 돌아온다. 책가방을 던지며 투덜거린다. "에이, 속상해! ○○ 때문에 속상해 죽겠어!"라고 말하고는 방문을 쾅 닫고 들어가 틀어박혀 있거나 화난 표정으로 뛰쳐나간다. 이때 어머니는 어떻게 대처해야 할까. "너, 문 쾅쾅 닫을래?"라고 소리부터 치면 아이는 말도 하지 않은 채 더욱 화를 내고 어머니와 다투게 된다.

만약 이러한 상황에서 어머니가 다음과 같이 대화를 시도했다고 가정해보자.

"오늘 학교에서 안 좋은 일 있었니?"

아이는 어머니의 질문에 진지하게 대답할 것이다.

"그래, 정말 속상했겠구나. 그 애 참 이상하다. 그렇지? 너 학교 갔다 오면 주려고 엄마가 맛있는 간식 만들어놨는데, 엄마도 속상하다."

이렇게 이야기하면서 아이의 감정을 헤아려 주면 아이는 화를 누그러뜨린다.

"속상해도 내가 참지 뭐."

아이는 굳이 설득하지 않아도 자신의 감정을 스스로 자제하게 된다. 아이가 기분이 나쁘거나 화났을 때는 아무리 달래고 타일러도 귀담아 듣지 않게 마련이다. 이때는 먼저 아이의 기분을 달래 주어야 한다.

아이의 숨은 의도 찾아내기

　아이가 부모에게 거짓말을 한다고 해서 꼭 나쁜 아이가 되는 것은 아니다. 부모는 아이가 거짓말을 하는 의도를 헤아릴 수 있어야 한다. 아이가 거짓말을 했다고 배신감을 느껴 화를 내거나 진실을 밝혀야 한다며 아이를 다그친다고 문제가 해결되지는 않는다. 내 아이가 고의적으로 혹은 악의적으로 거짓말을 했다고 생각하는 부모는 없을 것이다. 무조건 혼내기보다는 거짓말을 한 아이의 의도를 알아보는 게 먼저다. 성급하게 아이를 다그쳐 자백을 강요하는 것은 아이의 문제를 더 심각하게 만들 뿐이다.

　"너, 지난번에 갖고 싶다고 고집 부려서 산 게임기 어디 있니? 안 갖고 놀아?"

　"어디 있겠죠, 뭐."

　"어디, 이리 갖고 와봐."

　"친구 빌려줬어요."

　"친구한테 빌려줬어? 그럼 내일 받아서 가져와!"

　"사실은……학교에서 누가 훔쳐갔어요."

　"너 자꾸 거짓말 할래? 다신 너한테 장난감 사주나 봐라!"

　아버지의 말은 아이의 마음에 깊은 상처를 주게 된다. 아이는 혼나는 것이 무서워 서투른 거짓말이나 어색한 변명을 늘어놓게 마련이다. 아버지가 대답을 빨리하라고 윽박지르는 것은 아이에게 거짓말을 하라고 시키는 것과 같다.

　"너, 요즘 게임기 안 갖고 놀던데, 잃어버렸나 보구나."하고 아버지가 슬쩍 넘겨짚으면 아이는 "갖고 놀다가 실수로 망가뜨렸어요."라고 진실을 고백할 것이다.

스킨십으로 사랑을 표현하자

부모가 아이에게 매달려 하루 종일 말다툼해도 아이의 문제가 해결되지 않을 때가 있다. 때로는 아이와의 긴 대화보다 애정 어린 행동을 해주는 것이 아이의 문제 행동을 쉽게 고칠 수 있다.

어머니가 아이의 눈을 바라보며, "엄마는 우리 애기 사랑해!"하면서 아이를 꼭 껴안아준다. 아이는 금세 기분이 좋아져 더 이상 투정부리지 않고 어머니와 놀고 싶어 한다.

아이와 대화할 때 유념해야 할 몇 가지 사항이 있다.

첫째, 부모가 일관성을 갖고 있어야 한다. 행동의 기준을 정하고 아이에게도 되는 일과 안 되는 일을 명확하게 알려주어야 한다.

둘째, 아이의 행동을 보고 원인이나 결과, 또는 잘잘못을 따지기보다는 아이의 숨은 의도를 파악해야 한다.

셋째, 때로는 아이의 잘못을 보고도 슬쩍 넘어가 줄줄 아는 지혜를 발휘하자. 아이 스스로 잘못을 인정하고 고치려 할 것이다. 형사처럼 심문하듯이 다그치면 아이는 계속 거짓말을 하게 되고 문제가 더 복잡해진다.

넷째, 아이에게는 긴 논리적 설명보다는 애정 어린 스킨십이 더 유용할 때가 있다. 아이에게 애정을 표현하고 안아주면 아이도 부모를 친근하게 대하고 부모의 말을 잘 듣는다.

갈등 해소를 위한 대화 훈련

　가정에 불화가 있거나 부모와 대화하는 데 문제가 있는 아이는 학교에서도 문제를 일으키기 마련이다. 아이의 문제를 해결하기 위해서는 먼저 대화로 갈등을 해결해야 한다.

　첫째, 아이와의 사이에 갈등이 있다는 것을 인정하고 아이가 안고 있는 문제가 무엇인지 설명해주어 일을 해결할 수 있도록 돕는다.

　"아, 이게 문제였구나! 그럼 우리 같이 생각해보자!"

　둘째, 아이가 원하는 것이나 생각을 먼저 말하도록 돕는다.

　"니가 먼저 말해보렴. 그러고 나서 엄마도 이야기할게!"

　"엄마, 난…… 했으면 좋겠어! 왜냐하면 ……이기 때문이야! "

　셋째, 부모의 느낌을 솔직하게 말한다.

　"지금 엄마는 이것 때문에 아주 속상해. 그리고 너무 슬퍼."

　넷째, 아이가 무엇을 원하는지, 그 이유가 무엇인지 말하도록 한다. 아이의 요구를 들어주고 인정해준다.

　"그러니까 너는 ……을 하고 싶고, 그 이유는 ……란 말이지. 그래, 그렇구나."

　다섯째, 문제의 핵심을 알도록 한다.

　"음, 바로 이거였구나! 그래, 그럼 이렇게 하면 어떨까?"

　여섯째, 아이가 이해하기 쉽도록 자연스럽게 결론을 이끌어낸다.

"엄마 생각은 이런데, 네 생각도 옳은 것 같구나! 그럼 이렇게 하면 되겠네!"

이렇게 부모가 아이와 솔직한 대화를 나누었을 때, 문제아였던 아이가 학교생활에 잘 적응하면서 학교에 결석하는 횟수가 줄어들었다. 자연히 학교성적이 향상되고 지능지수와 창의성이 높아져 교사와 학생들 사이에 좋은 평가를 얻었다. 점점 긍정적인 사고방식을 갖게 되었고 다른 사람을 배려하는 마음을 가지게 되었다. 부모와 아이의 사이도 전보다 훨씬 친밀해졌다.

대화를 나눌 때 주의할 점

대부분의 부모는 아이와 대화를 나누기보다 "이렇게 해라, 그렇게 하지 마라."로 명령을 한다. 그래도 아이가 말을 듣지 않으면 "또 그런 짓 하면 혼낸다!"라거나 "너, 그런 짓 또 해봐, 그땐!"라고 협박하면서 주의를 준다.

이런 명령이나 협박을 대화라고 생각하는 부모들이 있다. 그러나 이것은 대화가 아니라 아이의 기를 죽이고 자신감을 잃게 만드는 말이다. 욕이나 비웃음은 아이에게 수치심을 줄 뿐이다. 같은 말이라도 듣는 사람의 상황에 따라 다르게 해석될 수 있다. 특히 아이들과 대화하다 보면, 의도하지 않았는데 다른 뜻으로 전달될 수 있기 때문에 조심해야 한다. 아이는 나이와 지적 수준에 따라 같은 말도 다양한 의미로 받아들일 수 있기 때문이다.

아이에게 하면 안 되는 일을 알려줄 때 "그런 짓 하면 못써!"라고 말하면 꾸중하는 것으로 들리지만 "이렇게 하면 어떨까?"하고 말하면 권유로 들린다. 아이는 부모의 권유로 스스로 자신의 행동을 반성하고 잘못을 깨닫게 된다.

이때 옳은 행동에 대한 부모의 판단이나 비난이 일치하지 않으면 아이는 혼란스러워한다. 똑같은 잘못을 했는데 한번은 "괜찮아, 그까짓 일 잊어버려."라고 말하고 한번은 "너 지난번에도 똑같은 말로 변명했잖아."라고 말하면 어떤 행동의 규칙이 옳은지 판단할 수 없게 된다.

아이가 잘못을 하거나 문제를 일으켰을 때, "니가 그렇지 뭐."라고 말하면 아이는 자존심이 상하고 수치심을 느낀다. 반대로 "어쩌다 그랬니?"라고 물어보면 아이는 부모가 자기편이라고 생각하고 문제에 대해 솔직하게 말할 것이다. 부모는 아이에게 어떻게 하면 문제를 해결할 수 있는지 말하고, 충고나 해결책을 제시한다.

아이가 잘못했을 때 다음 기회에는 더 잘할 수 있다는 자신감을 심어주어야 한다. 부모의 격려와 위로만한 치료제가 없다. 아이가 기죽어 있을 때 부모는 아이의 편에 서서 기분을 맞춰주고 고민을 해결해주어야 한다.

"걱정 마. 모두 잘 될 거야."

이렇게 부모의 말 한마디는 아이에게 여러 가지 의미로 전달될 수 있다. 때문에 아이의 상황에 필요한 말을 하면서도 본래 전달하고자 하는 의미가 잘 소통되도록 노력해야 한다.

아버지 노릇,
아무나 하는 게 아니다

아빠, 아버지, 아버님

육아 관련 서적을 보면, 대부분 어머니의 역할에 대해서는 강조하고 있지만 아버지의 역할에 대해서는 특별한 언급이 없다. 자녀 양육은 아직까지는 어머니의 몫이며 아버지는 가족의 생계를 책임지는 존재라는 생각이 일반적이기 때문이다. 곧 아이들의 눈에는 아버지가 밖에 나가 근엄하게 일을 하는, 가까이하기엔 너무 먼 존재로 비친다.

그런데 이러한 전통적인 아버지 상이 최근 많이 바뀌었다. 자녀 양육에 여전히 무관심한 아버지도 있지만 능동적으로 참여하는 아버지가 점점 늘어나고 있다. 출산 전 아내와 함께 부부교실에 참여하고, 분만실에도 같이 들어가며, 아이에게 우유병을 물려주고, 기저귀를 갈아주는 아버지의 모습이 이제는 유별나거나 낯설지 않다.

여성의 사회 참여 기회가 많아지고 핵가족화와 이혼하는 가정이 눈에 띄게 많아지면서 아버지에게 맡겨지는 아이가 늘어나게 된 것이다. 이제 아내에게만 아이의 교육을 떠넘겼던 아버지들이 좋은 아버지 노릇을 어떻게 해야 할까 고민하고 있다.

아이는 자라면서 아버지를 부르는 호칭이 달라진다. 아빠에서, 아버지로, 그리고 아버님으로 변하는 것이다. 호칭이 변하면서 아버지를 대하는 태도도 달라진다. 나이가 들어도 어머니에게는 여전히 엄마라고 부르며, 어머니를 대하는 태도나 관계에는 변화가 없지만 아버지는 다르다.

아버지는 누구인가

아버지는 한 집안의 기둥 역할을 한다. 전체적인 집안 분위기를 이끌어 가고 어머니와 자녀 양육에 대해 의논하고 결정을 내린다. 아버지와 어머니가 서로 의기투합하고 아이에게 다정하게 대하면 가정이 화목해진다. 반대로 부부가 서로 자신이 옳다고 싸우고 아이가 잘못을 할 경우 무조건 야단만 친다면 가정은 냉랭한 분위기가 된다. 아버지의 관심과 이해, 사랑이 가정의 행복을 좌우하는 것이다.

부모가 되기는 쉽지만 좋은 부모가 되기는 어렵다고 한다. 좋은 아버지가 되려면 자녀와 함께 시간을 많이 보내야 한다. 그런데 대부분의 아버지는 직장 생활을 하느라 어머니에 비해 아이와 함께 보내는 시간이 훨씬 적은 편이다. 아이는 일요일에나 겨우 얼굴을 마주대하는 아버지를 어렵고 불편하게 여긴다. 아이와 친해지고 아이의 생각을 이해하려면 함께 시간을 많이 보내려고 노력해야 한다.

아이의 나이에 따라 아버지가 해야 하는 역할도 달라진다.

아빠, 안아주세요.

영아기(1~2세)에 아이는 누워만 있다가 엉금엉금 기어 다니기 시작한다. 혼자 앉거나 서고, 어설프게 아장아장 걷다가 드디어 혼자 걷고 뛰는 신체적 발달을 보인다. 이때부터 아이는 사회를 배우고 주변사람들과 대인관계를 형성하기 시작한다. 이 시기에는 태어나서 제일 먼저 보는 어머니, 아버지와 애착을 형성하고 신뢰감이 생성된다.

이때 부모와 아이 간에 제대로 애착이 형성되지 않으면 청소년기에 갈등을 겪게 된다.

올바르게 아이를 양육하기 위해 아버지는 어머니를 적극적으로 도와주어야 한다. 직접 아이의 기저귀를 갈아주고, 아이가 배고파 울면 우유병을 물려주면서 아이와 애착을 형성하고 신뢰를 쌓아나가야 한다. 그러기 위해서는 아이와 신체적 접촉을 많이 하는 것이 좋다. 안아주거나 장난감을 이용해 아이와 놀아주면 아이의 정서 발달에 도움이 된다. 아버지는 아이와의 감정교류를 통해 아이에게 자신의 존재를 확실하게 인식시킬 수 있다.

우리 아빠는 슈퍼맨

걸음마기(18개월~3세)는 아이가 혼자 힘으로 이것저것 하려고 시도하고 활동 범위가 넓어지는 시기이다. 아이에게 해도 되는 것과 해서는 안 되는 것 등 행동의 범주를 알려주는 시기인 것이다. 이때는 배변훈련(대소변 가리기) 등을 가르쳐야 한다. 한편으로 부모는 어떻게 아이를 통제해야 할지 고민하게 된다.

'엄격함과 부드러움'을 모두 갖춘 아버지가 아이에게는 가장 이상적이다. 아이가 바른 행동을 할 때 칭찬과 격려를 아끼지 않아야 한다. 반대로 그렇지 못한 행동에는 냉정하고 단호한 태도로 혼내고 바로 잡아주어야 한다.

이 시기에 아이는 부모의 행동을 모방하고 부모와 자신을 동일시한다. 아이는 아버지나 만화 주인공의 행동을 흉내 내 똑같이 행동한다. 따라서 아버지는 아이에게 좋은 인격 모델이 되도록 행동해야 한다. 부모는 아이의 일생에 있어서 가장 오래 기억되는 인생의 모델이 되기 때문이다. 부모가 솔선수범해서 올바른 행동을 하면 자연히 아이는 부모의 인격과 행동을 배워 훌륭한 인격을 형성하게 된다.

아버지는 아이와 한 약속은 아무리 사소한 것이라도 꼭 지켜야 한다. 아버지가 거짓말이나 욕 따위의 험한 말을 하면 아이는 금세 배우고 따라한다.

언어 능력이 발달하면서 아이는 궁금한 것이 많아진다. 활동범위가 넓어지면서 자연히 질문도 늘어나게 되는 것이다.

걸음마기에 아이는 '아버지는 무엇이나 할 수 있다.'고 생각한다. 아버지는 모든 것을 알고 있고 어떤 일도 해결할 능력과 힘이 있는 '슈퍼맨'으로 믿는 것이다. 또한 아버지와 노는 것이 어머니와 노는 것보다 재미있다고 생각하고 아버지를 더 많이 따른다. 아버지에 대한 아이의 절대적인 믿음을 저버리지 않기 위해서는 아버지가 노력해야 한다. 아이가 질문할 때는 그 속에 숨어 있는 의도를 파악하고 적절한 답을 해야 한다. 아버지는 아이와 놀아주고 다양한 생활을 경험할 수 있도록 배려해야 한다.

아버지의 역할

아이가 유치원이나 초등학교에 들어가면 친구들과 어울려 단체생활에 적응해야 한다.

집에서 자유롭게 놀던 아이가 공부를 해야 하고 친구나 과외 활동에도 신경을 써야 한다. 이때부터 성격이나 성적 면에서 또래의 친구와 비교 당하고 열등감을 느끼며 스트레스를 받기 시작한다.

이때 아이에게 좋은 친구이자, 협력자이며 든든한 '빽'이 되는 것이 바로 아버지이다. 아이는 마음속으로 아버지를 든든한 지지자 '내 편'으로 생각한다. 이 시기에 아버지와 같이 보냈던 시간은 아름다운 추억이 되어 살아가는 동안 시련을 이겨내는 원대한 힘이 된다. 평생 동안 계속될, 좋은 부자·부녀관계가 이때 형성되는 것이다.

어렸을 때 아버지와 함께 난관을 극복해낸 경험이 있는 아이는 그 기억을 영원히 잊지 못한다. 아버지는 아이가 무엇 때문에 고민하는지, 그것을 어떻게 해결할 것인지에 대해 친구처럼 상담해주고 함께 문제를 풀어가는 동반자가 되어야 한다. 아버지와 아이의 관계는 더욱 친밀해지고 돈독해질 것이다.

요즘 자녀교육의 관심사 중 하나는 딸을 어떻게 키울 것인가 하는 점이다. 아들을 남자답게 키우자는 데 이견을 제시할 사람은 없을 것이다. 하지만 딸의 경우에는 문제가 다르다. 딸을 단지 참하고 귀엽게만 키울 것인가? 옛날에는 딸은 착하고 순종적으로 키워야 한다고 생각해 딸의 활동적이고 공격적인 측면을 억제했다. 하지만 요즘은 양육방법이 달라지고 있다. 성차별 없이 키우려는 움직임이 일고 있다. 곧 참한 여자가 아니라 강한 여성으로 키우려고 한다. 과거에는 딸에게 어머니를 본받으라고 가르쳤지만 최근에는 동일시의 대상으로 아버지의 역할이 강조되고 있다.

능력만 있으면 성공할 수 있는 현대 사회에서는 남성성과 여성성을 모두 발휘할 수 있는 인재가 다양한 직종과 직업에서 인정받을 수 있기 때문이다. 실제로 부녀간에 같은 직업을 선택하거나, 아버지의 사업이나 정치권력을 딸이 계승하는 모습을 흔히 볼 수 있다.

아버지에게 세대 차이를 느끼는 아이

흔히 반항기로 불리는 청소년기에 자녀는 아버지와 세대 차이를 느낀다. 자연히 아버지의 권위가 땅에 떨어지는 시기이다.

청소년기에는 이상을 지향하고 사고방식이 추상적으로 변한다. 아동기(6~13세)에는 아버지가 전지전능하다고 생각하지만 청소년이 되면 이 믿음이 무너지게 된다. 또한 현실의 아버지 대신 이상적인 아버지 상을 추구하고 '아버지는 이래야 되는데 우리 아버지는 그렇지 못하다.'는 식으로 못마땅하게 생각한다. 이에 대해 아버지의 권위에 도전하거나 위협하는 것으로 받아 들이면 곤란하다.

아동기에 부모 자식의 관계가 정상적으로 형성되었다면 별로 문제가 안 되지만 그렇지 못한 경우에는 사춘기에 심각한 갈등을 겪게 된다. 아들에게 아버지는 인생을 살아가는 데 닮고 싶은 모델이 된다. 이상적인 아버지 상이 청소년의 도덕관이나, 가치관, 가치 판단의 기준이 되는 것이다. 또 아버지를 보고 딸은 남성을 바라보는 관점과 태도를 형성하게 된다.

이 시기에 아이와 많은 대화를 나누면 아버지에 대해 현실적으로 받아들이고, 부모 자식 간의 평등한 관계를 배우는 계기가 된다. 대화는 세대 차이를 좁히고 서로를 이해할 수 있는 통로를 마련하는 길이다. "옛날에 내가 자랄 때는 안 그랬는데, 요즘 애들은……." 하는 식의 사고방식은 대화의 벽만 높게 쌓을 뿐이다.

아이와 함께 시간을 보내는 데 어떤 방법이 있을까? 방학 기간을 이용해 아이와 단 둘이 여행을 간다든지, 텔레비전 프로그램에서 하는 현장 체험처럼 아버지가 하는 일을 아이가 직접 체험하게 하는 것은 서로에 대해 이해할 수 있는 좋은 방법이다. 아이가 아버지를 객관적으로 평가하고 나아가 타인을 있는 그대로 수용할 수 있도록 도와주어야 한다.

부모라면 누구나 자식을 사랑하기 마련이다. 그리고 대부분의 부모는 자식에게 충분히 사랑을 쏟고 있다고 생각한다. 그러나 아이는 전혀 반대로 받아들이는 경우가 있다. 아이는 사춘기가 되면 독립하려고 한다. 때문에 부모의 사랑이 오히려 부담스럽고 자신의 일에 지나치게 간섭한다고 느낀다. 사랑을 주는 쪽과 받는 쪽의 입장이 이렇게 다르다. 이를 부모가 먼저 인정하고 함께 풀어나가는 것이 바람직하다. 부모 자식 간의 갈등은 서로 뜻이 잘못 전달되는, 일종의 의사소통 문제에서 시작되는 경우가 많다. 부모가 자식을 사랑하는 방법에 문제가 있는 경우도 있다. 특히 권위를 강조하는 전통적인 아버지는 부모에게 복종해야 한다고 배우며 자랐고 자신의 아이에게도 그렇게 가르친다. 아이는 이런 아버지가 자신을 이해하지 못한다고 생각할 수밖에 없다.

시대가 변함에 따라 부모도 같이 변해야 한다. 아이의 발달단계에 맞춰 부모와 자식의 관계를 새롭게 형성해 나가는 것이 바로 아버지의 역할이다.

좋은 아버지가 되는 길

좋은 아버지가 되는 방법은 의외로 쉽다. 아이에게 '이 다음에 커서 나도 아버지 같은 사람이 되겠다.'는 바람을 갖도록 하는 것이다. 그렇게만 된다면 백 점 만점을 받는 아버지가 될 것이다. 중요한 것은 아이의 눈에 아버지가 열심히 일하고 가족을 위해 노력하는 모습으로 비쳐지는 것이다. 다음 몇 가지 사항만 유의한다면 좋은 아버지가 되기는 그리 어렵지 않다.

1. 아이에게 말로만 지시하기보다는 먼저 솔선수범한다.
2. 아이와의 약속은 무슨 일이 있어도 지킨다.
3. 대화할 때는 아이의 눈을 쳐다보며 열심히 듣는다.
4. 아이의 생일이나 가족 행사는 꼭 챙긴다. 아이에게 아버지가 필요할 때 옆에 있어준다.
5. 아이는 어머니보다 아버지와 함께 운동도 하고 놀면서 다양한 경험을 하고 싶어 한다. 아이와 많은 시간을 같이 보내기 위해 노력해야 한다.

나쁜 아버지가 되는 길

좋은 아버지와 나쁜 아버지로 갈리는 기준은 무엇일까. 다음은 아이들의 눈에 비친 바람직하지 않은 아버지의 모습이다. 지금 이렇게 행동하고 있지 않은지 돌이켜 생각해보고 나쁜 아버지가 되는 길로 빠지지 말아야 할 것이다.

1. 일 때문에 바쁘다는 핑계로 주말에도 밖에서 보내는 시간이 많으며 가정을 등한시 한다.
2. 대화할 때 아이들의 말을 듣기보다는 일방적으로 잔소리를 늘어놓는다.
3. 밖에서 쌓인 스트레스를 집에서 푼다. 사소한 일에도 짜증을 낸다.
4. 무뚝뚝한 성격을 핑계로 아이에게 다정하게 대하지 않거나 관심을 보이지 않는다.
5. 말만 앞세우고 거짓말을 한다. 아이와 한 약속을 잘 지키지 않는다.
6. 집에서 왕처럼 군림하며 어머니에게 함부로 대한다.
7. 아이를 칭찬하기보다는 다른 사람과 비교하며 핀잔만 준다.

자 기 이 해 가 없 는

부 모 는

자 녀 를 망 가 뜨 린 다

2장

아이의 입장에서 생각하는
부모가 되자

아이의
마음

인간의 마음은 남극에 떠 있는 거대한 빙산에 비유할 수 있다. 물 위에 보이는 빙산은 전체의 7분의 1밖에 되지 않는다. 물밑에는 수면에 보이는 부분보다 6배나 더 큰, 엄청난 빙산 덩어리가 가라앉아 있다. 타이타닉호가 좌초된 것도 수면에 나와 있는 빙산의 일부분만 보고 전체를 보지 못했기 때문이다.

눈에 보이는 빙산의 윗부분을 통해 물밑에 있는 빙산의 크기를 유추해낼 수 있듯이, 사람도 겉으로 드러나는 행동을 보고 그 사람의 속마음을 읽어낼 수 있다면, 대인관계를 형성하는 데 어려움을 겪지 않을 것이다. 부모와 자식 간의 관계도 마찬가지이다. 부모가 아이의 마음을 이해한다면 서로 상처를 주는 일은 없을 것이다. 부모가 먼저 '나는 정서적으로 성숙했는가' 등 자신에 대해 진단해봐야 한다. 그러고 나면 아이의 마음을 쉽게 알 수 있을 것이다. 아이의 마음을 헤아려보는

'심리빙산' 이론은 미국의 가족학자 버지니아 새티어가 인간 마음을 심층 연구한 결과를 토대로 제시한 것이다. 이 이론은 부부관계를 회복하는 것뿐만 아니라 아이의 속마음을 이해하는 데에도 많은 도움이 될 것이다.

심리학자들이 말하는 '심리빙산'에 대해 알아보자.

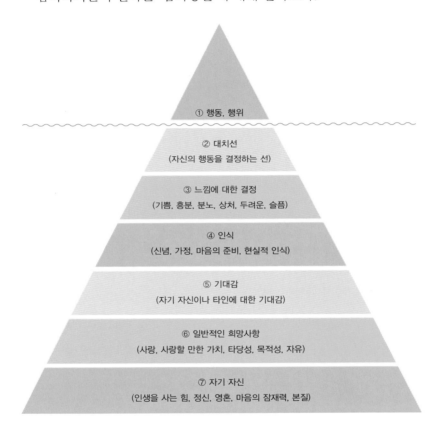

위의 그림에 있는 번호를 토대로 분석해보면 다음과 같다.

①은 물 위에 드러난 부분, 곧 우리 눈에 보이는 상대방의 행위이다.

②의 대치선, 곧 행동을 결정하는 것은 이성적 판단이 아니라 사람의 감정이다. 겉으로 보이는 행위와 그 사람이 느끼는 감정(흥분, 분노, 상처, 두려움 등) 사이에는 수평선이 가로놓여 있다. 사람이 다양한 감정을 느끼고 이에 대해 '어떻게 행동할까?' 등 마음속으로 행동 방법을 결정하는 '대치선'이 바로 '마음의 빙산'을 위와 아래로 나누는 수평선이다.

감정(③)은 내 행동을 결정하는 가장 기초적인 부분이다. 사람의 감정은 행동을 결정하는 데 이성적 판단보다 40퍼센트 정도 더 큰 영향을 미친다.

④는 이성적 판단을 위한 사람의 의식과 지식, 곧 고정 관념 부분이다. 이것은 감정보다 영향력이 없는 아랫부분이다.

사람은 자신의 생각 속에 자신이 원하는 막연한 기대감(⑤)을 감추고 있다. 어떤 일이 자신의 기대에 어긋나거나 채워지지 않으면 그 사람은 마음이 상하고, 정신세계가 손상돼 정신과 치료를 필요로 하는 환자가 되기도 한다.

희망사항(⑥)은 속마음처럼 겉으로 노출되지 않는 진정한 기대감, 자신의 소망 등 가슴속에 감춰진 부분이다.

⑦은 사람의 속마음처럼 맨 밑바닥에 감춰져 있다. 부모가 알아주기를 은근히 바라는 기대감(⑤)과 겉으로는 표현하지 못하는 속마음(⑦)을 상대방이 알아주지 않는다고 느낄 때 속상해한다.

그림을 보면 인간의 행동(①)은 감정(③)이 어떤 상태인가에 따라서 ②의 자기 행동이 결정된다는 것을 알 수 있다. 아이의 감정을 헤아려주는 부모만이 아이가 원만하고 바람직하게 행동하도록 도와줄 수 있다. 그림에서 인간의 이성적 판단(④)은 감정(③)보다 한 단계 아래에

놓여 있다. 이것을 통해 결코 감정이 무시되어서는 안 되며 인식(④), 곧 이성적 판단은 인간의 행동에 직접적 영향을 주는 것은 아니라는 사실을 알 수 있다. 그러므로 부모는 먼저 아이의 감정을 헤아린 후에 아이를 가르쳐야 아이에게 올바른 이성적 판단 능력을 길러줄 수 있다. 자신의 감정을 인정받고 이성적으로 판단을 한 후에야 비로소 자신의 속마음에 감춰진 욕망을 인식할 수 있다. 이 마음을 '심리빙산'이라고 하며 사람의 행위와 행동은 수면에 떠 있는 빙산, 곧 겉으로 보이는 부분에 해당한다. 물밑에 가라앉은 나머지 부분은 행동을 결정하는 무의식의 세계이다.

이렇게 사람은 깊은 속마음을 쉽게 드러내지 않는다. 그런데 부모와 자식 간에는 서로의 속마음에 대해 알아주기를 바라고, 서로 이해해주지 않으면 갈등이 발생한다.

앞의 그림에서 마음의 층을 살펴보면 속마음은 의사결정의 제일 밑에 있고, 상대방이 나를 대하는 느낌을 기반으로 자신의 행동을 결정한다는 것을 알 수 있다. 부모가 어떻게 대하느냐에 따라 아이의 행동이 달라진다. 부모가 아이의 마음이 상하지 않도록 헤아리고 배려하는 것이 중요하다.

날마다 자라는
아이

아이를 어떻게 가르칠까

영국의 비평가인 존 러스킨은 어려서부터 병약했는데, 그의 어머니 때문이었다. 그의 어머니는 러스킨을 대학교조차 혼자 보내지 않았다. 반드시 학교까지 아들을 데리고 가서 복장이 단정한지, 나쁜 친구와 어울리지 않는지, 불량 음식을 먹지 않는지 등을 일일이 챙기고 걱정했다. 러스킨이 결혼할 때도 며느릿감으로 마음에 드는 아가씨를 발견하여 29세나 된 아들 대신 자기가 청혼했다.

《세계예화집》에 소개되어 있는 러스킨의 이야기이다. 그의 어머니는 아들이 성인이 된 후에도 계속 돌봐주고 의사결정까지 대신해주었다. 이런 부모의 지나친 간섭으로 러스킨은 결국 6년만에 이혼하고 말았다.

러스킨의 어머니처럼 자식을 항상 돌봐주는 것은 불가능할 뿐만 아니라 오히려 자식을 무기력하고 불행하게 만든다. 부모는 아이의 발달단계에 맞게 신체와 정신이 발달할 수 있도록 옆에서 도와주면 된다. 아이는 연령에 따라 단계별로 신체적, 정서적으로 발달해간다.

각 발달단계마다 익혀야 할 독특한 발달과제developmental task가 있다. 이 발달과제를 제대로 익히지 못하면 아이의 정서적·신체적 발달이 늦어지거나 혹은 퇴행 현상이 일어나기도 한다.

퇴행 현상은 성장에 문제가 없는 아이나 겉으로 성숙해 보이는 아이에게도 나타날 수 있다. 예컨대, 다섯 살짜리 아이가 동생이 생기면 소홀해진 어머니의 관심을 끌기 위해 갑자기 배변을 못 가리게 된다. 또 어떤 아이는 검사를 해보면 IQ는 높게 나오는데, 또래의 아이들보다 발달이 늦고 정신 연령도 낮다. 퇴행 현상 때문에 성장하면서 열등감을 느낀 아이는 콤플렉스를 갖게 되고 다른 사람이 보기에는 아무것도 아닌 일에 괴로워한다.

아이가 겪는 문제나 갈등을 해결하기 위해서는 부모가 아이의 정서적, 신체적 발달단계에 대해 제대로 알고 있어야 한다.

아동의 발달단계

1. 신생아기(생후 1일~9개월)

어머니 배 속에서 태아는 어머니를 통해 외부 환경을 느끼며 성장한다. 병아리나 카나리아 같은 새는 부화하는 동안 어미 닭이나 어미 새의 심장 박동에 예민하다. 마찬가지로 태아도 어머니의 심장 박동소리를 기억하고 예민하게 반응한다. 산모의 심장 박동을 미리 녹음해 두었다가 양육할 때 들려주면 아이가 반응을 보인다. 칭얼거리고 울던 아이도 이 소리를 들으면 3분만에 조용히 잠든다.

그래서 우리 조상들은 태교의 중요함을 강조했다. 태교가 태아에게 효과가 있다는 것은 현대 의학에서도 입증되고 있다. 예컨대, 어머니가 놀랄 때는 태아의 심장 박동이 빨라지고, 몸을 움츠리는 것을 초음파를 통해 볼 수 있다. 임신 초기에 풍진 같은 감염성 질환에 걸리거나 음주나 흡연 등을 계속하면 태아에게 직접적인 영향을 미쳐 선천적으로 심장 질환이나 구개파열이라는 언청이 질환을 갖게 된다.

어머니가 스트레스를 받으면 부신피질 호르몬이 증가하는 등 몸속에서 생리적인 변화들이 일어난다. 원치 않은 임신을 한 경우, 또는 어머니가 임신 자체에 심한 불안과 공포를 느껴 심리상태가 불안정하면 태아도 스트레스를 받는다. 태아 때 스트레스를 많이 받는 아이는 자는 시간이 불규칙하고 자주 발버둥치며 우는 등 신경질적인 기질을 갖고 태어나 기르기 힘들다.

산모의 나이가 너무 어리거나 많을 경우 기형아를 낳을 확률이 높다. 20세 이전이나 35세 이후의 임신은 여러 가지 면에서 위험이 따를 수 있다. 40세 이후의 산모는 다운증후군처럼 염색체 이상을 가진 아이를 출산할 확률이 20~30세보다 10배나 높아 100명 중 1명 꼴로 집계되고 있다.

산모가 건강하고 기분이 좋아야 태아도 안정이 된다. 건강한 아이를 낳기 위해서는 산모가 질병에 걸리지 않도록 주의하고, 음주나 흡연을 피하며 심리적으로 안정을 취해야 한다. 산모가 흡연과 음주를 하는 것은 태아가 담배를 피고 술 마시는 것과 똑 같다고 하지 않는가.

2. 영아기(1세~2세)

아이가 세상에 나와 최초로 관계를 맺는 대상은 어머니이다. 아이는 배가 고플 때 울음이라는 형태로 자신의 욕구를 나타낸다. 아이가 울면 어머니는 배가 고픈지, 어디가 불편한지 알아본다. 어머니는 아이가 미소를 지으면 같이 웃어주고 옹알이에 대답해주고, 울면 안아주면서 아이와 애착을 형성한다. 2~3개월이 되면 아이는 자기를 돌봐주는 존재가 있다는 것을 어렴풋이 인식하게 된다. 그리고 기분이 좋으면 미소를 짓는다. 8개월이 되면 어머니에 대한 확고한 인상이 생긴다. 이때부터 다른 사람에 대해 낯가림을 하기 시작한다.

정신분석학자 에릭슨은 이 시기를 아이가 최초로 '기본적인 신뢰감'basic trust을 형성하는 때라고 말한다. 영아기에 어머니가 우울증에 빠져 아이를 무관심하게 내버려두거나, 혹은 아이에게 말을 걸어 주지 않고 무표정하게 대하면 아이는 애착 형성을 못하게 되고 어머니를 불신하게 된다. 어머니에 대한 불신감은 자라면서 다른 사람에 대한 불신감으로 나타나게 된다. 아이는 사소한 일에도 마음에 상처를 받고 괴로워하며, 대인관계를 형성하는 데 어려움을 겪는 등 심리적으로 불안정한 사람이 된다.

영아기는 신생아기와 마찬가지로 신체적·정서적 발육이 매우 왕성한 시기이다. 아이가 질병에 걸리지 않도록 부모의 주의가 필요한 시기이기도 하다. 특히 뇌의 발달이 활발한 시기로 충분한 영양을 공급하고 정서적인 자극을 주어야 한다. 아이는 신체적으로 자주 접촉하면 정서적인 발달이 빨라지므로, 어머니가 능동적으로 아이를 자극해주어야 한다. 어머니나 외적 자극을 주는 사람이 없는 고아원 같은 시설에서 자란 아이들은 언어나 신체 발달이 일반 아이들보다 늦는다고 한다. 한 연구결과에 의하면 이런 아이들은 정상적인 가정에서 자란 아이들보다 신체적으로 왜소하고 병에 잘 걸리며, 정서가 불안정하고 지능이 낮게 나타났다. 반면에 어머니가 관심을 가지고 계속 아이에게 말을 걸어주면 다른 아이보다 언어 발달이 빠르다.

한 이발사가 카나리아의 알을 부화시킬 때 어미 새의 목소리를 녹음해 계속 들려주었다. 그 후 부화한 카나리아는 더 청아하고 고운 소리로 울었다고 한다.

사람도 마찬가지이다. 영아기에는 아이가 알아듣지 못하더라도 계속 말을 걸어주면 아이의 발달에 자극이 된다.

3. 걸음마기(16개월~3세)

걸음마를 하게 되면서 아이는 하루가 다르게 쑥쑥 자란다. 의사표현을 할 수 있을 만큼 언어 능력이 발달하고 활동 범위도 넓어진다. 이때부터 아이는 제 뜻대로만 하려고 하는데, 이를 제지하려면 어머니는 아이와 그야말로 전쟁을 벌여야 한다. 오죽하면 '미운 세 살'이라고 하겠는가.

이처럼 아이가 두세 살이 되면 부모는 아이의 활발한 활동을 감당하기 힘들어진다. 자연히 아이가 규칙을 지키도록 말로 타이르기보다 꾸중을 하고 매를 들게 된다. 이 시기에 부모는 일관성 있는 양육방법을 유지하되 아이의 자율성을 길러주어야 한다.

　어머니가 기분이나 상황에 따라 아이가 규칙에 어긋나는 행동을 했는데도 바로잡지 않고 내버려둔다면 나중에 아이가 더 큰 문제를 일으켰을 때 통제할 수 없게 된다. 어머니는 아이가 행동의 허용 범위를 알고, 스스로 자신을 통제할 수 있도록 규칙을 알려주어야 한다.

　이때 아이를 혼내지 않고 과잉보호해서 키우면 버릇없는 아이나 어머니 없이는 아무것도 하지 못하는 '마마보이', '마마걸'이 된다. 아이는 자신의 뜻대로 안 되면 스트레스를 받고 열등감에 빠지게 된다.

　반대로 부모가 지나치게 통제하거나 억압하면 아이는 부모의 눈치를 보며 자신감이 없어진다. 이런 아이는 지나친 완벽주의자가 되거나, 겉으로는 부모에게 순종하지만 속으로는 분노가 쌓여서 사춘기에 공격적인 성격이 된다.

　부모는 아이의 주장을 어느 정도까지 허용할 것인지 등 자녀교육과 양육 방법에 대해 일관성 있는 원칙을 세워야 한다. 아이에게 배변훈련을 시키거나 아이의 요구 사항을 들어줄 때 이 원칙을 적용해 행동의 허용 범위를 가르친다. 부모는 아이의 공격적인 성향을 조절해 주고, 아이가 규칙을 지키며 부모에게 의존하지 않고 자기가 할 일은 스스로 할 수 있도록 가르쳐야 한다.

4. 학령 전기(3~6세)

　아이는 3~6세가 되면 대개 유아원이나 유치원에 다닌다. 초등학교에 입학하기 전인 이 시기를 학령 전기라고 한다. 이 시기에 아이는 자신의 성기 모양에 관심을 갖기 시작하고, 남자와 여자가 다르다는 것을 알게 된다. 다양한 언어 표현을 할 수 있게 되고 호기심이 많아지면서 부모에게 이것저것 물어본다. 또 상상력이 풍부해지면서 어둠이나 괴물, 귀신, 도깨비 등에 본능적으로 공포를 느끼고 이런 것들을 꿈에서 보기도 한다. 이 시기의 아이는 부모에게 대답하기 곤란한 질문을 던지기도 한다.

"엄마, 나는 어떻게 만들어졌어?"

남녀관계나 성에 대해서 아이가 질문하면 전문적인 용어로 적절하게 설명해주어야 한다. 부모가 아이의 질문에 대답하기 쑥스러워서 회피하거나 화를 내면 아이는 다른 호기심이 생겨도 질문하지 않게 된다.

부모가 아이와 대화를 하고 같이 놀아주고 아이의 공상에 대해 관심을 가져주면 아이는 밝고 건강하게 잘 자란다. 아이는 질문을 하면서 호기심을 충족시키고 상상력이 풍부해진다. 또 아이에게 심부름을 시켜 일상생활을 경험할 수 있게 한다. 이런 경험을 많이 할수록 아이는 적응력이 향상된다.

5. 학령기(7~12세)

초등학교에 입학하는 나이인 7세부터 학령기라고 한다. 집이나 유치원에서만 생활하던 아이가 학교라는 큰 공동체에 들어가면서 학교와 선생님, 친구 등으로 행동범위가 넓어지고 해야 할 일도 많아진다. 학교에서 좋은 성적을 얻으면 선생님이나 친구들로부터 인정을 받고 스스로 성취감을 맛보면서 자신감과 우월감을 갖게 된다. 반대로 심하게 꾸중을 듣거나 과제를 제 때 하지 못하면 열등감과 우울함을 느끼게 된다. 정신분석학자 에릭슨은 이 시기에 근면성이나 열등감이 형성된다고 보았다.

아이는 학령기 초에는 규칙이나 규율을 잘 이해하지 못하지만 점차 내재화되면서, 해도 되는 것과 안 되는 것에 대한 기준을 스스로 세울 수 있게 된다. 곧 선생님이나 부모의 가르침을 스스로 평가하고 받아들이게 된다. 그런데 이 시기에 부모의 기대가 지나치게 크거나 통제가 엄격하면 아이는 열등감과 무력감을 느끼게 되고, 자신감이 없어진다.

정신분석학자 프로이드는 이 시기를 '잠복기'라고 명명했다. 성적 욕구나 공격적인 욕구가 겉으로 드러나지 않고 공상이나 환상, 놀이, 장난 등으로 발산된다고 해서 '잠복기'라고 한 것이다. 곧 본격적인 심리 갈등이 겉으로 드러나는 사춘기 이전의 평온한 시기이다.

학령기는 아이가 학교라는 단체생활에 적응하는 시기로, 아이가 힘들어할 수도 있다. 부모는 아이의 학습이나 과외활동, 선생님과 교우 관계에 관심을 갖고 지켜봐야 한다. 아이는 과업을 성취했을 때 부모의 칭찬을 들으면 성취감을 맛보게 되고 더 큰 과업에 도전하는 용기를 갖게 된다. 때문에 학령기에는 부모가 아이의 작은 성취에도 칭찬해주고, 남과 더불어 사는 공동체 생활에 대해 설명해주어야 한다. 부모가 먼저 건전한 생활을 하면서 모범을 보여주면 아이도 자극을 받아 규칙을 잘 지키게 된다.

학령기에는 부모의 말을 잘 듣는 것처럼 보이던 아이가 청소년기에 갑자기 성격이 변하고 문제를 일으키기도 한다. 그런데 사춘기에 나타나는 문제는 대부분 학령기나 학령 전기에 형성된 것이다. 아이는 부모의 관심과 사랑을 받아야 인생의 격동기인 청소년기를 잘 헤쳐나갈 수 있다.

어머니의
역할

　누워 있거나 기어 다니던 것이 고작이던 아이가 16개월이 지나면서 서서히 걷기 시작한다.

　두 손을 자유롭게 움직이고 말을 하기 시작하면서 행동반경이 넓어진다. 아이는 이전에 보지 못했던 새로운 세계를 경험하고 혼자 힘으로 이것저것 해보고 싶어 한다. 팔 힘을 자랑하듯이 물건을 던지기도 하고 높은 곳에 기어 올라가기도 한다. 어머니가 아이를 제지하려고 하면 마구 투정을 부린다. 어머니는 이렇게 자시 마음대로 행동하려는 아이와 거의 전쟁을 벌여야 한다.

　부모는 아이의 행동에 어떻게 대처해야 할지 고민하게 된다. 백화점 완구 코너 앞에서 장난감을 사달라고 울면서 떼쓰는 아이의 요구를 들어주어야 할까, 거절해야 할까? 세 살 버릇 여든까지 간다는데 아이의 응석을 받아줄 것인가, 혼낼 것인가? 이런 문제로 부부간에 다툰 경험이 한 번쯤은 있을 것이다.

　어머니는 영아기에 아이가 불편한 곳은 없는지 살펴보고 신체적 욕구를 충족시켜준다. 그런데 걸음마기에 들어서면 아이에게 버릇을 가르쳐야 한다. 이때는 아이에게 옳고 그른 행동에 대해 가르치고 행동 규범을 훈련시켜야 한다. 그러기 위해서는 부모가 아이의 요구를 받아주는 경우와 거부할 때를 분명하게 구별해야 한다. 어머니가 무조건 아이의 요구를 들어주면 자칫 버릇이 없거나 혼자서는 아무것도 할 수 없는 의존적인 아이가 되기 쉽다. 반대로 지나치게 통제하거나 간섭하면 아이가 위축돼 부모의 눈치만 살피게 된다. 무엇보다 중요한 것은 아이에게 관심을 갖고 항상 주의를 기울이는 것이다.

아이의 발달단계에 맞춰 가르치자

　아이가 노는 모습을 옆에서 지켜보면 아이가 좋아하는 놀이는 따로 있다. 3세나 4세의 아이는 상대가 보지 않는 틈에 숨는 숨바꼭질을 한다. 세 살이 지나야 비로소 눈앞에 어머니나 다른 사람이 보이지 않아도 다시 나타날 것이라는 확신을 갖게 되기 때문이다. 어머니와 떨어져도 불안해하지 않고 혼자서도 놀 수 있는 나이가 돼야 시야에서 사라졌던 어머니가 다시 나타나는 숨바꼭질이 아이에게 흥미진진한 놀이가 된다.

　걸음마기 이전의 아이는 갖고 놀던 자동차가 소파 밑으로 들어가 눈앞에서 사라지면 울음부터 터뜨린다. 아이는 소파 밑에 자동차가 있을 것이라는 인식을 못하기 때문에 자동차가 사라졌다고 생각하고 찾아

보려 하지도 않는다.

마찬가지로 아이는 어머니가 안 보이면 어머니가 어디에 있는지, 혹시 없어지지는 않았는지 찾게 된다. 어머니를 눈으로 확인한 후에야 아이는 안심하고 다시 혼자 놀이에 집중한다. 부모는 어림짐작으로 '이런 놀이를 하면 좋아하겠지.'라고 생각하고 숨바꼭질을 하자고 한다. 그러나 아이는 숨바꼭질 놀이를 이해하지 못한다. 아이는 혼자 놀기 시작하면서 비로소 자기만의 세계를 만들고 자립성을 배운다.

아이가 걸음마를 시작하면 어떤 것을 가르쳐야 할까?

먼저, 양치질, 세수하기 등을 혼자 할 수 있도록 가르치고 자율성과 독립성을 길러준다. 아이에게 자신의 욕구가 당장 받아들여지지 않아도 참고 기다리는 인내심과 충동을 참고 억제하는 법을 가르친다. 어떤 행동을 해도 되는지, 하면 안 되는지에 대해서 알려주고 규범을 정해준다. 무엇보다 부모가 보이지 않아도 어디에서 지켜보고 있다는 믿음을 줘야 한다.

즐거운 배변 훈련 놀이

걸음마기가 되면 대부분의 이들은 배변 훈련을 하게 된다. 이것은 배변 욕구를 참았다가 적당한 때와 장소를 가려 배설하는 것을 의미한다. 이를 통해 아이들은 참고 견디는 인내심을 기르게 된다.

그런데 아이의 신체가 충분히 성장하고 신경계가 발달돼야 배변 훈련을 할 수 있다. 아이가 두 살이 되기 전에 무리하게 배변 훈련을 시키거나 다른 집 아이와 비교해 억지로 시키는 것은 오히려 역효과를 초래할 수 있다.

어머니는 아이에게 배변 훈련을 시키면서 아이와 갈등을 겪게 된다. 아이는 자기 뜻대로 아무 데나 배변하려고 하는데, 어머니는 이를 야단치기 때문이다. 어머니가 아이를 어떻게 다루는가에 따라 배변 훈련이 쉽게 이루어질 수 있지만, 아이가 받아들이지 않으면 훈련이 어렵다. 가장 좋은 방법은 아이가 스스로 깨닫게 하는 것이다. 어머니는 아이가 잘했을 때는 충분히 칭찬을 한다. 아이는 스스로를 자랑스럽게 여기고 어머니의 칭찬을 또 듣고 싶어서 그 행동을 계속하게 된다. 잘못했을 때는 어머니가 얼굴을 찡그리거나 실망한 표정을 지어 아이 스스로 잘못을 느끼게 한다.

아이가 자연스럽게 배변 훈련을 할 수 있도록 배려해주는 것이 중요하다. 무조건 벌을 주는 강압적인 방식은 오히려 아이에게 배변 훈련에 대한 불안과 공포감을 느끼게 만든다.

어머니와 아이가 같이 놀듯이 즐겁게 배변 훈련을 하는 것도 좋은 방법이다. 아이를 촉감이 좋은 변기나 멜로디 변기에 앉혀주고 배변에 성공할 때까지 옆에서 책을 읽어주거나 이야기를 해준다. 그리고 성공했을 때는 반드시 칭찬해준다.

상과 벌

걸음마기의 아이는 어른에 비해 이해력이 부족하다. 때문에 부모가 조리 있게 설명해도 아이는 이해하지 못한다. 이때는 가벼운 신체적 제재를 가함으로써 아이의 잘못된 행동을 바로잡아주어야 한다. 예를 들어, 아이의 엉덩이를 가볍게 때린다거나, 어머니가 무서운 표정이나 화난 목소리로 잘못을 말해준다. 반대로 아이가 올바른 행동을 했거나 어머니의 말을 잘 들으면 부드러운 표정으로 칭찬해주고 안아준다. 이때는 어머니가 바로 반응을 보여주는 것이 중요하다.

부모가 아이의 행동에 반응하고 상과 벌을 적절히 사용하면 효과적으로 아이를 교육할 수 있다. 아이의 교육 수단으로 상과 벌을 사용할 때 일관성 있는 태도를 유지하는 것이 중요하다. 어머니의 기분이 좋으면 용납해주고 나쁘면 꾸중하는 등 일관성이 없으면 아이는 무엇이 옳고 그른지 혼란스러워 한다. 아이는 옳은 행동을 하면 어머니에게 칭찬받고 싶어하는데 어머니가 무관심한 표정으로 반응하면 흥미를 잃게 된다.

부모가 아이에게 벌을 주지 않고 과잉보호하면 아이의 자율성과 자립성 발달이 늦어지게 된다. 이런 아이는 성인이 되어서도 자신의 일을 혼자 결정하지 못해 어머니에게 계속 의지하는 '마마보이'가 되거나 어른들의 사회에 적응하지 못하는 '피터팬증후군'을 겪게 된다.

부모의 과잉보호에는 익애형 과잉보호와 지배형 과잉보호가 있다. 손이 귀한 집안이나 할머니들이 주로 익애형 과잉보호를 한다. 이것은 아이 위주의 양육 방식으로, 흔히 "아이를 떠받들어 키운다."라고 말한다. 이렇게 자란 아이들은 제멋대로 행동하는 버릇없는 아이가 되기 쉽다. 어렸을 때 부모가 아이의 욕구를 모두 들어주었기 때문에 청소년기에 자신의 욕구가 좌절되면 자제하지 못하고 부모를 공격하게 된다. 또한 등교를 거부하고 가출하거나 심하면 약물 복용, 자살에 이르게 된다. 성인이 됐을 때에는 자기 마음대로 일이 되지 않으면 낙심하거나 쉽게 포기해버린다. 인생에 실패하고 잘못되면 자신을 탓하기보다는 부모를 원망한다.

완벽주의적인 부모는 지배형 과잉보호를 한다. 이는 아이의 행동을 일일이 통제하고 간섭하여 부모가 의도하는 대로 키우는 방식이다. 자율성과 자립성이 부족한 아이는 수동적이고 복종적이 된다. 자기주장이 없고 위축된 아이는 열등감에 빠지게 된다. 아이는 겉으로는 부모에게 순종적인 것처럼 보이지만 마음속에는 억압된 감정이 분노와 증오가 되어 쌓여 있다. 아이는 수동적이고 위축된 행동을 보이지만 공격적 성격의 소유자가 될 가능성이 높다. 예를 들면, 어른의 지시에 정면으로 맞서지 못하고 복종하지만, 속으로는 분노를 갖고 있어 일 처리에 태만하거나 다른 사람에게 화풀이를 한다.

이처럼 과잉보호는 아이의 자립성 발달을 저해한다. 그래서 미국의 정치가 프랭클린은 이런 말을 남겼다.

"나무를 가위질하여 자르는 것은 나무를 사랑하기 때문이다. 부모에게 꾸중을 듣지 않고 자라는 아이는 똑똑한 사람이 될 수 없다. 겨울의 추위가 심할수록 봄의 나뭇잎은 더욱 푸르다. 사람도 역경에 단련되지 않고서는 큰 인물이 될 수 없다."

아이의
타고난 기질

아이들은 저마다 다른 특성을 갖고 태어난다. 같은 부모와 같은 환경에서 자란 형제가 성격과 능력, 재능이 각기 다른 것은 이 때문이다.

이처럼 태어나면서부터 타고나는 아이들의 특성을 기질이라고 한다.

사회심리학자 토마스W.I.Thomas 교수는 아동기의 정신적 문제는 부모의 심리적 갈등보다는 아이의 타고난 기질에 의한 것이라는 가정을 하고 연구한 결과, 아이의 기질적 특징을 다음과 같이 아홉 가지로 분류했다.

1. 아이의 활동정도.
2. 아이가 잠을 자고 음식을 먹는 것이 얼마나 규칙적으로 이루어지는가에 대한 생물학적 기능의 주기성.
3. 새로운 환경에 적응하려는 접근성.

4. 정서 반응의 예민성.

5. 반응의 강도.

6. 환경 변화에 대한 적응성.

7. 감정의 질.

8. 주의 산만의 정도.

9. 주의 집중의 기간 및 지속 시간 정도.

위에 나열한 아홉 가지 기질을 소아정신과 의사인 진태원 박사는 다음과 같이 극단적인 두 성격의 아이로 나눠볼 수 있다고 설명한다.

1. 활동적인 아이 / 조용하고 차분한 아이.

2. 음식, 수면, 배변 습관이 일정한 아이 / 불규칙한 아이.

3. 새로운 상황에 적응이 빠른 아이 / 적응이 늦는 아이.

4. 주변의 자극이나 변화에 대해 민감한 아이 / 무딘 아이.

5. 울고 짜증을 잘 내는 아이 / 밝고 명랑한 아이.

6. 집중력이 뛰어난 아이 / 산만한 아이.

아동의 기질적 특성에 따라 행동 통제가 쉬워 기르기 편한 아이와 통제가 잘 안 돼 기르기 까다롭고 힘든 아이로 나누어진다. 기르기 힘든 아이가 양육에 미숙한 어머니를 만났을 때 문제 아이가 될 위험성이 높다.

아이는 화풀이 대상이 아니다

아이의 문제 행동은 왜 발생하는가?

이에 대한 답은 그리 간단하지 않다. 어떤 학자들은 유전적인 요소나 아이가 타고난 기질이 원인이라고 한다. 반대로 환경론자나 행동학습 이론가들은 문제 아이는 없고 문제 부모만이 있을 뿐이라며, 아이를 둘러싼 부모나 가정, 사회에 원인이 있다고 한다.

이렇게 원인을 따져 책임 소재를 밝히는 것은 아이에게 별로 도움이 되지 않는다. 그러나 어머니와 아이 간의 상호작용이 잘 이루어지지 않으면 아이의 문제 행동이 발생하는 것은 분명하다. 예컨대, 부부갈등이 심한 가정의 경우 어머니는 아버지에 대한 화를 아이에게 대신 퍼붓는다. 아이의 사소한 잘못에도 심하게 화를 내고 야단친다.

앞에서도 말했듯이 부모는 아이의 성격형성에 많은 영향을 미친다. 이런 가정 분위기에서 자란 아이는 문제 행동을 할 수밖에 없지 않겠는가.

아이의 원래 모습을 인정하자

아이는 타고난 기질에 따라 발육이 빠를 수도 있고 느릴 수도 있다. 그런데 또래의 아이들에 비해 발육이 늦는 아이에 대한 어머니의 반응은 각기 다르다. 어떤 어머니는 아이의 발육 속도에 맞추어 세심하게 아이를 돌보는 반면, 어떤 어머니는 발육이 늦는 아이를 창피해 한다. 이런 어머니는 아이가 자신의 체면을 손상시킨다고 생각하고 다른 아이와 비교하며 아이의 기를 죽인다. 깔끔하고 꼼꼼한 어머니는 호기심이 많고 활동적인 아이를 덜렁대고 산만하다고 혼내거나 부정적인 시각으로 바라본다. 심지어 어떤 어머니는 아이의 정상적인 행동을 문제가 있는 것으로 판단하고 소아정신과를 찾기도 한다. 어머니가 아이의 행동을 부정적인 시각으로 보거나 지나치게 걱정하기 때문에 일어나는 일들이다.

그렇다면 아이를 어떻게 키워야 할까? 어떤 양육 방법이 올바른가? 여기에 정답은 없다. 아이의 타고난 기질에 따라 부모가 적절한 양육 방법을 찾아야 한다. 아이의 기질은 어른들의 성격과 마찬가지로 반드시 좋거나 나쁜 것만은 아니다. 부모가 아이의 기질적 특성을 고려하여 장점은 살려주고 단점은 보완해주면 된다.

아이의 부정적 측면을 꼬투리 잡아 고치려고 애쓰기보다는 아이의 행동을 긍정적으로 보려고 노력해야 한다.

예를 들면, 호기심이 많은 아이는 한 자리에 차분히 있지 못한다. 이런 아이에게 욕구를 적절히 발산할 수 있는 운동이나 활동적인 취미를 찾아주어야 한다. 반대로 어떤 일을 하기 전에 깊이 생각하는 아이가 있다. 아이가 소극적이라고 답답하게 생각하기보다는 아이가 결정할 때까지 기다리는 인내심을 가져야 한다. 부모가 긍정적 시각으로 아이를 바라보는 것이 문제를 해결하는 시작이라고 할 수 있다.

문제 있는
아이

철없는 공주와 심약한 왕자들

나폴레옹이 이집트 원정 당시 발견한, 수천 년 전에 제작된 로제타
Rosetta 석문에는 '요즘 아이들은 어떠어떠해 걱정스럽다.'는 내용의 상형
문자가 적혀 있다. 어느 시대나 아이를 기르는 일은 쉽지 않은 모양이다.

요즘 아이들은 너무 허약해 걱정이라는 부모들이 많다. 사소한 실수
나 실패에도 쉽게 좌절하고 심지어 자살하는 아이들이 늘어나고 있기
때문이다. 부모가 자식을 허약하게 기른 것은 아닌지 먼저 반성해 봐야
한다.

현재 우리나라는 가족제도가 과거의 대가족에서 핵가족으로 변하고
가족 구성원이 줄어들어 외동아이들이 급격히 늘어나고 있는 추세다.
부모는 외동아이를 귀여워해 '왕자'나 '공주'처럼 키운다. 아이가 잘못

된 행동을 하거나 문제를 일으켜도 관대하게 대한다. 이렇게 벌을 받지 않고 자란 아이는 선생님의 가벼운 체벌도 감당하지 못해 쓰러지고, 학부모는 오히려 선생님에게 거칠게 항의한다.

그래서인지 요즘 아이들에게는 남을 존중하고 배려하는 태도를 찾아보기 힘들다. 학습 능력을 키우는 교육은 강조되는 반면 눈에 보이지 않는 남을 배려하는 인성이나 정서적인 교육은 등한시되고 있기 때문이다. 자기 자신만 아는 이기적인 아이로 자라는 것이다.

'내 아이만 잘 크면 그만' 이라는 부모의 이기주의적 교육 태도도 문제이다. 부모들은 하나밖에 없는 내 아이가 커서 남에게 뒤지면 안 된다는 강박관념 때문에 아이를 지나치게 경쟁적이고 개인주의적으로 키우게 된다. 현재 영재 교육과 조기 교육의 열풍이 부는 것도 부모들의 이러한 심리의 반영이다. 그러나 너무 이른 나이에 강압적으로 교육을 받는 아이들이 제대로 적응하지 못해 소아정신과를 찾는 사례가 늘고 있다. 그만큼 아이들이 정신적으로 고통 받고 있다는 반증일 것이다.

어머니라는 이름의 함정

가정은 인생을 배우는 최초의 학교이다. 또한 가정은 인격과 대인관계를 배우고 훈련하는 곳이다. 할머니나 할아버지를 모시고 사는 대가족 가정에서 자란 아이는 어른을 공경하는 마음을 갖는다. 자연스럽게 어른에 대한 예의를 배우고 남을 배려하는 사고가 몸에 배인다. 반대로 대부분의 핵가족 가정에서 자란 아이는 자기가 먼저라는 자기중심적 성격을 갖게 된다. 어른과 같이 지낸 경험이 별로 없다보니 웃어른을 공경할 줄 모르고 이기적이며 무례한 아이가 되기 쉽다.

과거의 대가족제도에서는 아이의 양육을 직계 가족뿐만 아니라 친척을 포함한 가족 전체의 문제로 생각하고 모두가 관심을 가졌다. 경험이 많은 할머니나 친척들이 양육을 도와주었기 때문에 아이는 다양한 행동 양식과 감정을 배울 수 있었다. 그에 비해 핵가족 가정에서는 어머니가 양육의 중심이다. 만일 어머니가 아이를 키워본 경험이 별로 없어 양육에 미숙하거나 혹은 편견을 갖고 있다면 어떻게 될까. 그런 어머니는 아이의 가치관이나 성격 형성에 나쁜 영향을 미칠 것이다.

자신의 가정이 핵가족이라면 아이가 친척들과 자주 만날 수 있도록 해야 한다. 또 여행을 통해 다른 사람의 삶을 보고 배울 수 있는 기회를 만들어주어야 한다. 물론 어머니 입장에서는 아이를 데리고 다니는 일 자체가 피곤하고 힘든 일일 것이다. 그러면 가까이 있는 교육기관이나 단체 활동을 통해 이웃들과 어울리는 기회를 자주 만들고 양육에 대한 정보를 얻는 것도 좋은 방법이다.

절대필요와 욕망의 필요

전쟁과 가난을 겪고 자란 부모 세대는 '우리 아이에게만은 모든 것을 누리게 해주고 싶다.'고 한다. 자신이 못 입고 못 배워 한이 맺혔기 때문에 자식을 통해서라도 위안을 받고 싶어서다. 그런데 이러한 마음이 무분별한 사랑이나 '내 자식은 남보다 특출해야 한다.'는 경쟁 심리로 나타나면 문제가 된다.

요즘은 초등학교에서도 학부모들의 이른바 '치맛바람'이 골칫거리라고 한다. 학교는 타인과 어울려 사는 법을 가르치며 공동체 생활을 훈련시키고 조화로운 삶을 영위할 수 있도록 기본 바탕을 형성해 주는 곳이다. 그런데 현실적으로는 선생님들이 아이의 정서까지 고려하며 가르치기는 쉽지 않다. 학부모들이 학교를 경쟁의 장으로 생각하고 있기 때문이다.

학부모들은 자신의 아이가 남을 제치고 앞서 나가야 한다고 생각하고 성적에 예민하게 반응한다. 공부만 잘하면 분에 넘치는 용돈을 주고 초등학교 때부터 고액 과외를 시킨다.

특히 '하나밖에 없는 아이인데!' 생각하며 외동아이에 대해 무분별한 사랑을 쏟아 붓고 과잉보호를 한다. 곧 부모가 충분한 용돈을 주고 아이의 욕구를 모두 충족시켜주기 때문에 아이는 감정의 절제나 참는 법을 배우지 못한다. 그러다 보니 아이는 돈이나 경제에 대한 개념이 없고 자신만 아는 '안하무인'으로 자라게 된다. 물건이나 돈이 귀한 줄 모르는 것이다.

이렇게 자란 아이는 부모가 자신의 욕구를 충족시켜주지 않으면 화를 내고 심지어 폭행하기도 한다. 욕망에는 끝이 없다고 한다. 자녀의 욕구를 무조건 들어주는 것은 오히려 아이의 인격 형성을 방해하고 나아가 삶을 망치는 지름길이다.

아이의 나쁜 성격

1. 자기중심적이고 무례하다

"장난감을 빌려주라고 하는데 왜 이렇게 엄마 말 안 들어?"

위와 같이 장난감을 양손에 쥐고 친구나 동생에게 양보하지 않는 아이 때문에 곤란했던 경험이 한 번쯤은 있을 것이다. 자기중심적인 아이는 자신의 욕구를 먼저 채우려고만 하고 남을 존중할 줄 모른다. 학교에 가서도 자기중심적인 성격 때문에 친구들에게 별로 인기가 없고 따돌림을 당해 외톨이가 된다. 타인과 관계를 잘 형성하지 못해 성인이 되어서는 사회적으로 고립된다.

특히 외동아이의 경우 어른들이 아이의 욕구를 다 들어주기 때문에 감정관리에 미숙하다. 평소에는 어른스럽게 행동하지만, 사소한 일이라도 자기 마음대로 안 되면 분노를 터뜨린다. 부모는 아이를 달래기 위해 욕구를 충족시켜주고 아이는 점점 더 자기중심적이 된다.

2. 허약하고 의존적이다

부모들은 혹시 아이가 잘못되지 않을까 하고 과잉보호를 한다. 그러나 지나친 보호를 받고 자란 아이는 혼자서 결정을 내리거나 자신의 일을 스스로 처리하지 못한다. 아이는 성인이 되어 결혼을 하고 가정을 꾸린 후에도 어머니의 결정에 의존한다. 이런 사람들은 어릴 때부터 "이렇게 하자."라는 말보다는 "그렇게 하지마라."는 야단을 들으며 자랐기 때문에 자신감이 없고 자기주장을 잘 하지 못한다.

실수를 해봐야 큰 인물이 될 수 있다고 했다. 부모가 나서서 아이가 실수할 수 있는 기회를 빼앗고 있지는 않는지 양육 방법을 반성해봐야 한다.

3. 자기도취적 사고에 빠진 아이

요즘 '공주병'이나 '왕자병'이라는 말이 유행이다. 스스로를 공주나 왕자로 여기는 병에 걸렸다는 놀림조의 말이다. 병까지는 아니지만 자기도취적 사고에 빠진 아이들이 늘어나고 있다. 한마디로 아이가 자신이 세상에서 제일 잘났고, 자신의 판단이 제일 옳다는 도취에 빠지는 것이다.

이런 자기중심적 사고를 정신분석학적 용어로는 '나르시시즘'Narcissism 이라고 한다. 그리스 신화에 나오는 미소년 나르키소스가 호수에 비친 자신의 외모에 반해 꽃이 되었다는 데서 유래한 나르시시즘은 유아기에 누구에게나 나타나는 현상이다. 유아기에는 세상의 모든 일들이 자기를 중심으로 돌아간다고 생각한다. 점차 여러 사람과 만나면서 외부의 대상에 관심을 갖게 되고 자신의 욕구가 좌절되는 경험을 하면서 자기도취적 사고는 사라진다.

사람의 인격이 성숙해진다는 것은 다른 사람의 입장이나 생각이 나와는 다를 수 있다는 것을 이해하고 포용할 줄 아는 것이다. 아이는 자라면서 부모나 형제들과 부딪히고 좌절을 겪으면서 자신의 생각이 잘못됐다는 것을 인식하게 된다. 자신의 생각을 수정하고 한계를 파악하는 단계를 거치는 것이다.

그러나 부모가 아이에게 무분별한 사랑을 쏟아 부으면 아이는 유아기적 자기도취에서 벗어나지 못하고 '자기애적인격장애'를 갖게 된다.

온실에서 자란 화초처럼 실패나 좌절의 경험이 없는 아이는 사회에 적응하는 데 어려움을 겪는다. 일을 해본 경험이 없기 때문에 주변 사람들을 피곤하게 만들 뿐 아니라 자기 자신도 정신적 고충을 겪는다. 사회에서 실패를 처음 경험하면 그 정신적 충격을 감당하지 못해 극단적인 행동을 보이기도 한다.

절제된 사랑은 보약이다

아이를 키울 때 절제된 사랑은 보약과 같다. 절제된 사랑은 아이의 의지를 고취시키지만 무분별한 사랑은 아이를 무능력하고 이기주의적으로 만든다. 아이의 성격이 이미 형성한 후에 고치려면 많은 노력을 해야 한다. 아이의 잘못된 행동이나 성격을 고치려는 노력이 실패하면 오히려 부모 자식 간의 관계가 악화되기도 한다.

흔히 부모들은 불효하는 자식에게 "내가 너를 어떻게 키웠는데……."라고 말한다. 아이를 키우면서 기대가 컸기 때문이다. 그러나 아이를 키울 때 부모는 자신의 인생을 아이와 분리해서 생각해야 한다. 자식에게 모든 것을 기대했다가 실망하기보다 자기 자신의 삶을 찾아야 한다. 자식으로부터 독립된 자신의 삶을 찾아 일이나 취미에 몰두하거나 부부관계에서 삶의 기쁨과 즐거움을 찾아보자. 아이에게만 매달리다 보면 잔소리만 늘어날 뿐이다.

대개의 부모들은 아이가 실수를 하면 큰소리로 야단부터 친다. 혹시 아이가 실수를 계속하거나 사고를 당하지 않을까 불안하기 때문이다. 그러나 '한 번 실수는 병가지상사(兵家之常事)'라고 한다. 아이는 실수를 통해 배우고 성장한다. 아이가 어렸을 때는 실수도 해보고 위험한 일도 겪어보는 것이 좋다. 아이가 실수하더라도 옆에서 지켜보고 부모의 간섭 없이 혼자 하도록 한다. 옷 갈아입기, 세수하기, 장난감 치우기, 이불 개기 등 아이들이 혼자 할 수 있는 일은 스스로 하도록 내버려둔다. 이런 경험은 아이에게 자기의 행동을 결정하고 책임지는 습관을 만들어준다.

또래집단에서 자라는 것도 아이에게 중요한 경험이 된다. 또래 아이들이 모이면 처음에는 모두 자신의 주장만을 내세우고 싸운다. 그러나 금세 화해하고 서로의 주장을 절충해 나간다. 아이는 자신의 주장이 거절당하는 좌절감을 맛보면서 타인의 감정과 생각을 이해하게 된다.

이처럼 또래와의 놀이를 통해 아이는 사회성을 기르게 된다. 친구를 사귀고 단체생활을 경험할 수 있는 기회를 주기 위해 방학 때 신뢰할 수 있는 기관에서 주최하는 캠프에 아이를 참가시키는 것도 좋은 방법이다. 고양이나 개와 같은 애완동물을 키우거나 화초를 키우는 것도 좋다. 아이는 애완동물을 돌보면서 남을 배려하고 이해하는 마음을 갖게 된다.

아이의 욕구를 충족시켜줄 때는 균형을 유지하는 것이 중요하다. 아이가 해달라는 것을 다 들어주고 싶은 것이 부모의 마음일 것이다. 하지만 부모의 무분별한 사랑은 오히려 자녀를 망치고 문제 아이를 만든다. 물론 아이의 요구를 무조건 들어주는 것도 문제가 있지만 사사건건 안 된다고 거절하는 것도 금물이다.

아이가 무엇을 요구하면 곧바로 안 된다고 제지하기보다는 유예기간을 두어야 한다. "그래 저 인형 참 예쁘다. 그런데 인형은 지금도 많으니까 다음에 사줄게."라고 말하며 아이의 인내심을 길러준다.

올바른 자녀교육 방법을 알면서도 습관적으로 굳어진 양육 방법이 고쳐지지 않아 고민하는 부모가 있다. 한순간에 양육 방법이 달라지면 아이도 당황하고 갈등이 커질 수 있다. "너도 이제 컸으니까 이렇게 하는 것이 좋겠다."라는 식으로 하나하나 바로잡아 나가는 것이 좋다. 중요한 것은 아이의 행동에 따라 부모가 단호하면서도 온유한 양육 태도를 유지하는 것이다.

아이들은 생활에서 배운다 - 도로시 로 놀테

꾸지람 받으며 자란 아이들은 비난하는 것을 배우고

미움 받으며 자란 아이들은 싸움을 배우고

두려움 속에 자란 아이들은 근심을 배우고

동정 받으며 자란 아이들은 자기 연민을 배우고

놀림 받으며 자란 아이들은 시기심을 배우고

부끄러워하며 자란 아이들은 죄책감을 배우고

칭찬받으며 자란 아이들은 자신감을 배우고

너그러움 속에 자란 아이들은 인내심을 배우고

격려 받으며 자란 아이들은 고마워하는 것을 배우고

사랑 받으며 자란 아이들은 사랑을 배우고

관심 속에 자란 아이들은 자긍심을 배우고

인정받으며 자란 아이들은 목표 세우는 것을 배우고

함께 나누며 자란 아이들은 진실된 삶을 배우고

공정한 대우를 받으며 자란 아이들은 정의를 배우고

친절함 속에 자란 아이들은 남을 존중하는 법을 배우고

평안함 속에 자란 아이들은 사람에 대한 믿음을 배우고

다정함 속에 자란 아이들은 세상이 살기 좋은 곳임을 배운다.

*이글은 《칭찬받으며 자란 아이는 자신감을 배운다.》에 수록된 것입니다.

우리 아이가
이 럴 땐
어떻게 할까요

아 이 입 장 에 서

생 각 하 는

부 모 가 되 자

3장

문제 아이,
이렇게 키우자

아이가 말을
안 해요

　돌이 지난 아이가 옹알이하거나 어머니와 눈을 마주치고 방긋 웃는 모습을 보면 자식 기르는 재미와 기쁨을 느끼게 된다. 그런데 돌이 지났는데 옹알이를 하지 않거나 어머니와 떨어져도 별로 불안해하지 않는 아이가 있다. 다른 아이처럼 낯가림을 하지도 않고 자신의 일에 몰두하여 불러도 반응을 보이지 않는다. 처음에는 좀 이상하다는 생각을 하다가 두 살이 넘어도 말을 못하고 이런 증세가 계속되면 부모들은 뭔가 아이에게 심각한 문제가 있다는 것을 깨닫고 그제야 병원을 찾는다. 부모들은 아이가 말을 못하는 증상을 보이기 때문에 혹시 청각 장애가 있는지, 혀가 짧은 것은 아닌지 걱정하며 이비인후과와 소아과 병원을 찾아갔다가 결국에는 소아정신과를 찾는다.

　아이가 이런 증상을 보이는 이유는 정신질환 중의 하나인 자폐증 때문으로, 이것이 질병으로 인식된 지는 얼마 되지 않았다. 1943년 미국의 칸너Kanner 교수가 처음으로 11명의 특이한 아동들에 대해 연구한 결과를 발표하면서 '애정 접촉상 자폐적인 장애를 가지고 있는 아이들'이라고 이름을 붙인 것이 현재까지 통용되고 있다.

전형적 자폐아는 현재 우리나라에 약 2만 명 정도 있는 것으로 추산되고 있다. 언어 발달은 또래의 정상적인 아이와 비슷하지만 주변 사람들에게 관심을 보이지 않는 유사 자폐아까지 포함하면 약 4만 명으로 추산된다. 그러나 진정한 의미에서 유사 자폐증과 자폐증에는 차이가 있다.

왜 이럴까요 --

자폐증의 원인에 대해 확실하게 밝혀진 것은 없지만 대부분의 정신 학자들은 뇌의 지각-인지 통합 과정의 이상 때문이라고 본다. 과거에는 부모의 애정 없는 양육 태도가 자폐아를 만든다는 학설도 있었지만, 현재는 자폐증을 뇌의 질환으로 보는 것이 일반적인 견해이다. 그 이유는 다음과 같다,

첫째, 유전적인 요인이 크다. 일란성 쌍둥이의 경우 자폐증의 일치율이 높고 형제 중에 언어 장애자가 많다.

둘째, 임신 전후에 태아가 뇌 손상을 받았다는 증거가 발견된다. 예를 들면, 임신 초기에 풍진에 감염된 적이 있거나 태아가 뇌 손상을 입은 경우, 조산아, 저체중아, 출산 시 뇌 손상을 받은 아이들이 주로 자폐증에 걸린다.

셋째, 일부 자폐아는 뇌신경 전달 물질인 '세로토닌'serotonine의 수

치가 높고, 컴퓨터 단층 촬영_{Computer Tomography}, 핵 자기 공명_{Magnetic Resonance Imageing} 등의 '뇌 영상'_{neuroimaging} 검사를 한 결과 뇌의 구조에서 이상이 발견되었다.

넷째, 일부 자폐아가 청소년이 되면 경기驚氣를 시작하는데, 이것은 뇌 손상의 증거이다.

그러나 이런 증상들이 모든 자폐아에게 일관성 있게 발견되는 것은 아니다. 예컨대, 유전성이 있다고는 하지만 발병률이 워낙 낮기 때문에 형제들은 거의 정상이다. 간혹 자폐아를 둔 부모들 중에 둘째 아이를 가져도 괜찮겠냐며 질문하는 사람들이 있다. 필자는 가족의 정신 건강을 위해서나 자폐아를 위해서도 동생을 가지라고 적극적으로 권장한다. 다음에 태어날 아이가 자폐아가 될 확률은 거의 없기 때문이다.

결론부터 말하면 자폐아 개개인의 원인을 규명하는 것은 매우 어려운 일이다. 따라서 자폐아를 둔 대부분의 부모들은 '왜 이런 아이가 태어났을 까'하며 자신을 원망하거나 죄책감에 빠지는데, 그런 태도는 아이에게 아무런 도움이 되지 않는다. 자폐아의 외모는 겉으로 보기에는 정상아와 크게 다르지 않다. 오히려 더 똑똑해 보이기도 한다. 때문에 부모는 아이의 이상한 점을 잘 발견하지 못하지만, 전문가는 아이의 행동을 관찰하거나 성장 과정을 들어보면 빨리 문제를 파악할 수 있다.

이런 증상을 보여요 -

자폐아의 증상은 크게 36개월 이전에 발생하는 대인관계장애, 언어

장애, 상동적 행동으로 구분하는데, 가장 핵심적인 증상은 대인관계장애이다.

아이들에게 주로 나타나는 증상을 중심으로 살펴보면 다음과 같다.

첫째, 대인관계장애아는 유아기에 사람들과 눈을 맞추려고 하지 않고, 어머니가 안아주려고 하면 버둥대는 등 신체 접촉을 싫어한다. 아이의 이름을 불러도 돌아보지 않고, 어머니가 없어져도 별로 찾지 않는다. 모르는 사람에게도 잘 안기고 하루 종일 혼자 놀며, 배가 고프거나 꼭 필요한 때가 아니면 어머니를 찾지 않는다. 아이가 웃거나 소리에 반응하고, 애교를 부리는 등의 감정 표현이 전혀 없어 주변 사람들과 감정 교류가 안 된다. 이것은 어머니와 애착 형성이 잘 안 되었다는 것을 의미한다. 부모들은 아이가 2세가 될 때까지만 해도 어머니를 귀찮게 하지 않는 순한 아이라고 여기다가, 아이가 자라면서 또래와 어울리지 못하면 이상하다는 것을 깨닫게 된다. 자폐아들은 사람보다 사물 자체에 관심을 갖는다. 때문에 아이가 성장해서도 섬세한 감정 표현을 하지 못하고 남의 감정을 잘 이해하지 못한다.

둘째, 자폐아는 3세가 되어도 전혀 말을 못하는데, 이는 언어장애가 있기 때문이다. 뿐만 아니라 언어 발달의 전단계라고 할 수 있는 옹알이도 하지 않는다. 괴성만 지른다거나 의사 표시를 할 때 주로 어머니의 손을 끌어당겨 한다. '엄마, 아빠'라는 말을 할 수 있게 된 뒤에도 그 말을 대화에 사용할 줄 모른다. 의미 없는·말을 혼자 중얼거리거나, 질문을 해도 앵무새처럼 다른 사람의 말을 반복하는 반향어가 나타난다. 일반적으로 5세 이전에 언어가 발달하지 않는 아이는 특수교육을 시켜도 예후가 좋지 않다고 알려져 있다. 청각 장애인처럼 말을 전혀 못하는 경우에는 몸짓, 손짓, 얼굴 표정을 동원해 자신의 의사를 표시하려고 한다. 하지만 자폐아는 그러한 비언어적 행위를 통해 의사를 표현하려는 노력조차 하지 않는다.

셋째, 자폐아를 기르는 부모나 의사들이 가장 곤혹스러워하는 증상이 앞에서 나온 상동적 행동이다. 아이가 자기만의 방식에 집착하는 것을 고쳐주려 해도 쉽지 않다. 정상 아이 같으면 지겨워할 자동차 바퀴 돌리기 놀이를 몇 시간이고 계속한다든지, 항상 다니던 길로만 다니려고 고집을 부린다. 상표나 특별한 물건에 애착을 느껴 그것이 없어지거나 놓인 위치가 바뀌면 떼를 쓰고, 회전하는 물체나 구멍 등에 집착해 계속 그것만 바라보기도 한다.

위의 세 가지 외에 흔히 발견할 수 있는 증상은 다음과 같다.

첫째, 매사에 집중력이 떨어지고 과잉 행동을 보인다.

둘째, 특정 자극에 과잉 혹은 과소 반응을 보여 공포를 느끼거나 흥분한다. 어떤 아이는 통증에 전혀 무감각해서 예방접종 주사를 맞아도 울지 않는다.

셋째, 아동의 발달이 불규칙하다. 예를 들어, 걷기 등의 운동 기능은 다른 아이보다 빠른 반면 사회성, 언어 발달은 또래보다 뒤떨어진다.

넷째, 자기 손을 물거나 벽에 머리를 박는 자해 행동을 한다. 이런 공격적인 행동은 뚜렷한 원인이 있거나 다른 사람을 향한 부정적 감정에서 나오는 것이 아니다.

자폐아와 비슷한 증상을 보이는 장애도 있다. 정신박약이나 발달성 언어장애, 주의력 결핍 과잉행동장애, 반응성 애착장애 등이다. 따라서 이런 증상을 보인다면 소아정신과에서 정확한 진단과 검사를 받아보는 것이 좋다.

자폐증을 치료하는 데는 정확한 진단을 내려 조기에 치료하는 것이 중요하다. 점점 나아지겠지 하고 방치했다가 나이가 들어 성장한 후에는 치료가 힘들고 효과를 기대하기도 어렵다. 아이가 어렸을 때 신체 · 지능 · 언어 검사 들을 통해 정확한 진단을 내리고 체계적인 치료 계획을 세워야 한다. 아울러 부모들도 자폐아를 기르기 위한 교육을 받아야 한다.

자폐증을 치료할 수 있는 치료제는 안타깝게도 아직 개발되지 못했다. 부모가 감당하지 못할 정도로 아이가 산만하거나 공격적이고, 문제 행동을 반복할 경우에는 항정신 약물을 투여해야 한다. 일단 문제 행동을 억제한 후에 특수교육 치료를 하는 것이 좋다. 자폐아의 특수교육 효과를 높이기 위해 약물 투여가 필요하다.

자폐증 치료에는 지속적인 특수교육을 하는 것이 중요하다. 특수교육이란 한 선생이 많은 아이를 담당하는 유치원과 달리 특수치료자가 몇 명의 아이들을 대상으로 집중적인 놀이 치료, 행동 치료, 언어 치료 등을 하는 것을 말한다.

이때 아이와 가장 많이 접촉하는 어머니가 보조 치료사의 역할을 해야 한다. 그래서 자폐아 부모교실이나 모임, 특수교육 교실 등을 통해 자폐아에 대한 이해와 고통을 서로 나누는 것이 좋다. 그리고 성급하게 결과를 얻으려고 하기 보다는 온 가족이 인내심을 갖고 아이를 대해야 한다.

최근 들어 자폐아에 대해 많이 알려지면서 우리나라에도 특수교육 기관이 생기기 시작했으나 아직 부족한 상태이다. 특히 지방에 살고 있는 아이는 치료를 위해 대도시로 이사해야 하는 등 어려움을 겪는다. 또한 학령기 이전의 자폐아를 대상으로 하는 치료 기관과 치료 프로그램은 있지만 학령기 이후의 자폐아들에 대한 대책은 거의 전무한 실정이어서 사회적 관심이 요구된다. 현재 장애자 복지법에 의한 국가 보조가 실시되고 있지만 미흡한 실정이다. 앞으로 심장병 자선 모금 단체와 유사한, 자폐아를 위한 기금마련 운동이 전개되었으면 하는 바람을 가져본다.

학습장애가
있어요

'우리 아이는 행동이나 말하는 것을 보면 머리는 좋은 것 같은데 성적은 하위권을 맴돌아요.'라고 말하는 어머니들이 있다. 이런 아이들은 책을 읽거나 글을 쓰는 속도가 느리고 수업 태도에 문제가 있어 선생님에게 자주 지적을 받는다. IQ는 높지만 학교에서 학습을 잘 따라가지 못하는 경우인데, 이것을 학습장애라고 한다. 이것은 학습 부진과는 구별되는 개념이다.

학습 부진을 보이는 아이는 학습을 따라갈 능력이 없거나 학습 동기가 결여되어 노력을 안 하고 공부보다는 다른 것에 관심을 쏟는다. 또는 심리적 불안으로 인해 학습 능률이 떨어지고 주의가 산만해 학습에 집중을 하지 못하거나, 주변 환경이 좋지 않아 학습 기회를 놓친 경우이다. 위와 같은 이유가 아닌데 아이가 학습에 부진하면 학습장애로 볼 수 있다.

학습장애의 원인은 뇌 기능의 결함에 있다고 알려져 있다. 단어 간의 소리를 구분하여 듣는 능력이 떨어지거나, 글자의 차이를 분별하는 능력의 결함, 좌뇌와 우뇌 간의 통합 연결 장애를 원인으로 본다.

보통 수준의 지능을 가진 아이가 읽기, 쓰기, 사칙연산에서 자신의 능력에 훨씬 못 미치는 성적을 보이거나, 같은 학년보다 2년 정도 뒤처진 수준을 보일 때 학습장애로 진단한다. 학습장애는 읽기장애, 독해장애, 쓰기장애, 계산장애로 나누어지는데, 이런 장애가 모두 나타날 수도 있고 읽기장애나 계산장애만 나타날 수도 있다.

초등학교 2학년 정도의 아이들이 학습장애를 겪고 있다고 상담을 요청하는 부모들이 점점 늘어나고 있다. 부모들은 아이의 행동이 좀 느렸을 뿐 발달과정에 특이한 문제점은 없다고 한다. 학습장애가 있는 아이는 책을 읽을 때 단어나 문장을 빠뜨리고 읽거나 군더더기 말을 첨가하며 맞춤법이 엉망이고 방금 읽은 내용을 기억하지 못한다. 사칙연산을 할 때에는 덧셈, 뺄셈, 곱셈, 나눗셈의 부호를 혼동한다. 또 국어 문제집을 풀 때 제시된 질문과는 관계 없이 자기 생각대로 답을 쓴다. 동화책을 읽을 때는 글자보다는 그림만 대충 본다. 이런 아이는 글씨 쓰는 능력과 수학 능력은 또래와 비슷하다. 한 학습장애아를 면담해봤는

데, 상당히 산만했다. 면담을 하는 동안 이리저리 눈길을 보내고 계속 손발을 움직이며 한시도 가만히 있지 못했다. 당연히 집중력이 떨어질 수밖에 없다.

재면담 때는 초등학교 2학년 국어책을 가져와 읽어보라고 시키고, 문장완성 검사 결과를 살펴본 결과 IQ는 102로 정상이었다. 이와 같이 학습장애를 겪는 아이들은 학습 지도를 할 때 먼저 자신감을 길러주어야 한다. 쉬운 책부터 천천히 큰소리로 반복해 읽는 연습을 시켜 어떤 글자를 못 읽는지 파악하고, 책을 읽을 때 집중할 수 있도록 페이지의 한 단락 정도만 볼 수 있는 구멍 난 종이를 사용하는 것도 좋은 방법이다. 책을 읽고 난 후에는 그 내용에 대해 질문하면서 궁금한 점을 설명해주는 것도 좋은 방법이다.

다음과 같이 아이가 읽기와 쓰기에서 혼돈을 일으키면 학습장애를 의심해봐야 한다.

1. 한국의 예
'달이 밝습니다.'를 '달이 발습니다.'로, '우리나라'를 '우리라나'로, '무궁화'를 '무능하'로 읽는다.

2. 미국의 예(2000년〈뉴스워크〉특집에 소개된 예)
- 'animal'을 'manimal'로 발음한다.
- 'thumb'를 'fun'으로 발음한다.
- 'p, d, q, b, l, o'를 구별 못하는 시각 인지장애가 있다.
- 'pig'와 'big'를 구별하지 못한다.

- 'elephant'를 'ephelant'로 인식한다.
- 'chicken'과 'kitchen'을 혼동한다.
- 'FELT'와 'LEFT'를 혼동한다.

이렇게 치료하세요 --

학습장애로 의심되는 아이는 지능 검사나 학업 능력 검사 이외에도 복잡한 청각·시각·신경학적 검사를 해봐야 한다. 미국의 경우 학령기 아동의 약 8퍼센트가 학습장애아인 것으로 알려져 있는데, 미국 정부에서는 이들을 위해 특수교육을 시행하고 있다. 정신지체아와 따로 구분하여 학교마다 특수학급을 집중적으로 지도하는 것이다.

그러나 우리나라의 경우 부모나 선생님들이 학습장애에 대한 인식조차 없는 상태이고, 이들을 위한 특수교육도 없어 학습장애아들이 거의 방치되고 있는 안타까운 실정이다. 다행히 최근 몇몇 소아정신과에서 이런 아이들을 위한 학습장애 클리닉이 개설되어 운영되고 있다.

아이가 너무 산만해요

부주의하고 산만하여 수업시간에 가만히 앉아 있지 못하는 아이들이 있다. 아이는 쉴 새 없이 부산하게 움직이며 수업시간에는 안절부절 못하는 모습을 보인다. 감정의 변화와 폭이 심하여 쉽게 흥분하기도 한다. 충동적인 행동을 하기 때문에 친구들 사이에서 따돌림을 당하며 학교생활에 적응을 못한다.

이런 증상을 주의력 결핍 과잉행동장애라고 하는데, 최근 학교나 소아정신과에서 가장 흔히 볼 수 있는 장애이다. 이것은 크게 집중력 결핍, 충동적 행동, 과잉행동의 세 가지 증상으로 나타나는데, 심한 경우 3세부터 증상이 두드러져 상처를 입거나 다치는 일이 빈번하다. 그러다 유치원이나 초등학교 입학 후 단체생활 적응에 문제점을 드러내면서 선생님이나 주변 사람들의 권유에 따라 병원을 찾게 된다. 발생 빈도는 주의력 결핍 과잉행동장애의 범주를 어떻게 설정하느냐에 따라 차이를 보이는데, 미국의 경우 초등학생 중 5퍼센트 정도가 주의력 결핍 과잉행동장애를 나타내는 것으로 보고 있으며 여아보다 남아에게 10배 정도 더 많이 나타난다.

주의력 결핍 과잉행동장애의 진단

타고난 성격에 따라 유달리 활동적이고 호기심이 많아 분주한 아이가 있다. 이러한 정상적인 범주에 속하는 아이는 성장하면서 점차 과잉 행동이 줄어들고, 주의력 결핍장애아와는 달리 분주하더라도 자신의 목표를 훌륭하게 수행한다. 학교 성적, 단체생활, 교우관계에도 문제점을 보이지 않는다. 주의력 결핍장애아의 행동은 정신박약아가 보이는 과다 행동이나 뇌 손상을 받은 아이나 경기하는 아이들의 부산함과는 다르다. 또한 가족 간의 갈등으로 인해 안절부절 못하는 정서가 불안한 아이나 3~4세의 자폐아와도 구분해야 한다.

주의력 결핍 과잉행동장애는 임상 진단으로 혈액 검사를 한다든지 뇌파 검사, 컴퓨터 단층 촬영 등 신체검사를 통해서는 진단을 내리기 힘들다. 보호자와 선생님으로부터 아이에 대한 총체적 정보를 얻고 병원에 왔을 당시 보이는 아이의 증세를 통해 명확한 진단을 내릴 수 있다. 진단 시 유의해야 할 점은 주의력 결핍 과잉행동장애 증상이 아이에 따라서 일관성 있게 나타나지 않는다는 점이다. 학교와 가정에서 심각한 문제를 일으키는 경우가 대부분이지만 가정 혹은 학교에서만 증상을 보이는 경우도 있다. 문제를 일으키던 아이도 의사 앞에서는 평소와 달리 얌전하게 행동하는 경우도 있다. 그러므로 아이의 평소 행동을 종합적으로 잘 파악해야 한다.

부모와 면담하면서 문제가 되고 있는 아이의 증상 및 정도를 파악하고 가정환경, 가족 사항, 아이의 성장 상태, 학교생활 적응력과 학습 능력, 또래 아이와의 관계 등에 관한 기본적인 자료를 파악해야 한다. 아이와 면담할 때 행동을 관찰하여 아이가 자신의 문제를 파악하는 능력과 자아 개념의 발달 정도, 우울증의 원인 및 기타 정서적 문제도 파악해야 한다. 또한 부모가 아이의 행동에 어떻게 대처하는가를 관찰해 아이를 이해하는 방법과 대책에 대해 부모교육을 병행해야 한다. 때로는 가족 전체가 가족 치료를 받아야 할 때도 있다.

참고로 미국 정신의학회에서 제시한 주의력 결핍 과잉행동장애의 진단 지침을 소개하면 다음과 같다. 6세 이전에 6개월 넘게 다음과 같은 증상들이 계속되면 장애를 의심해봐야 한다.

1. 집중력 장애

- 학습을 할 때나 활동할 때 부주의로 인한 실수를 자주 한다.
- 학습이나 놀이에 오랫동안 집중하지 못한다.
- 자주 딴 생각에 빠져 남의 말을 귀담아듣지 못한다.
- 주어진 과제나 지시 사항을 제대로 끝내지 못한다.
- 계획을 세워 처리해야 하는 조직적인 일이나 학습을 하지 못하는 경우가 많다.
- 오랫동안 집중을 해야 하는 학습이나 일을 피한다.
- 지시 사항이나 준비물을 자주 잊어버린다.

- 주변 자극에 의해 하던 일을 금세 그만두고 딴 짓을 한다.
- 일상적으로 해야 하는 일을 자주 잊어버린다.

위에 나열한 항목 중 6개 이상에 해당하면 주의력 결핍장애로 본다.

2. 과잉행동

- 가만히 있지 못하고 손발을 꼼지락거리거나 몸을 뒤튼다.
- 가만히 앉아 있어야 할 교실 같은 장소에서 계속 돌아다닌다.
- 조용해야 할 공공장소에서 뛰어다니고, 높은 곳에 올라가려고 한다.
- 계속 떠들면서 논다.
- 한순간도 가만히 있지 못하고 분주히 돌아다닌다.
- 지나치게 질문이 많다.

3. 충동장애

- 질문이 채 끝나기도 전에 대답을 먼저 한다.
- 자기 차례를 기다리지 못한다.
- 다른 사람의 일을 방해하고 남의 일에 참견하고 끼어든다.

과잉행동과 충동장애 항목을 합쳐 6개 이상의 증상을 보일 때 장애 진단이 내려진다.

주의력 결핍 과잉행동장애의 원인을 의학적으로 설명하기는 쉽지 않다. 1970년대 이후 검사 상 뚜렷한 뇌 손상을 발견할 수는 없지만 전반적인 뇌의 미소 기능장애 때문이라는 학설이 주장되어 왔고, 최근에는 뇌신경 전달 물질에 원인이 있을 것으로 보고 연구가 진행되고 있다. 학자에 따라서는 환경적 · 유전적 요소를 주장하기도 하는데 근거는 없다. 대뇌 각성 체계 통제에 있어 정상인 아이들의 경우, 받아들일 자극과 차단해야 할 자극을 적절히 선별해 통제하는 반면 주의력 결핍 과잉행동장애아의 경우 필요 없는 자극을 억제하는 통제 체계가 약하기 때문에 상대적으로 집중력에 장애를 갖는다는 학설이 인정받고 있다. 이 학설은 정신 자극제를 투여함으로써 집중력을 증대시키고 과잉행동을 감소시키는 약물 치료가 효과를 거두는 것으로 드러나 설득력을 얻고 있다.

1. 행동이 유별나요

가장 특징적인 증상은 임신 상태에 태아의 태동이 유난히 심했다는 보고가 있다. 영아기 때 다른 아이들에 비해 잠도 잘 안자고 자주 깨어 보채는가 하면 음식 섭취가 불규칙하며 잔병치레가 많다. 한마디로 키우기 힘든 아이였다는 결론이다. 아이가 걷기 시작하면 과잉행동이 본격적으로 나타나 집안의 물건들을 부수거나, 높은 데로 마구 기어올라가 뛰어내리는 등 위험한 행동을 한다. 남의 집에 놀러갔을 때 이것저것 물건을 만져서 어머니가 당황하기도 한다. 마치 태엽을 감은 장난감 오토바이가 태엽이 풀리면 뱅뱅 도는 것처럼 아이의 행동이 부산스럽다.

새로운 것이 많고 복잡한 환경에서는 아이가 흥분하며 불안해한다. 행동이 유별나 혼자 돌아다녀서 어머니가 아이를 잃어버린 줄 알고 찾으러 다니기도 한다. 또 아이가 위험하게 장난치다가 넘어져 다치거나 뜨거운 물에 화상을 자주 입는 편이다. 따라서 교통사고를 비롯한 각종 사고의 위험률이 높다. 음식을 흘리고 다닌다. 유치원이나 학교에 입학해 단체생활을 할 경우 선생님의 지시에 잘 따르지 않고 혼자 돌아다니며, 수업시간에도 몸을 계속 좌우로 흔들거나 손발을 꼼지락거려 선생님으로부터 자주 지적을 받는다. 같은 말을 계속 반복해서 하거나 어떤 일을 수행할 때 쉴 새 없이 말을 많이 하는 경향이 있다.

2. 집중력이 떨어져요

집중력장애 증상은 과잉행동에 비해 좀 더 늦게 나타나며 자세히 관찰해야 알 수 있다. 이런 아이는 이것저것 관심이 많지만 한 가지 일도 제대로 마무리 짓지 못한다. 예를 들어, 장난감을 갖고 놀다가 다른 자극적인 것을 보게 되면 갖고 놀던 것을 던져버리고 다른 일에 몰두한다. 과제물을 처리할 때도 혼자 내버려두면 끝내지 못하므로 항상 옆에서 부모가 감독을 해야 한다. 특히 복잡한 곳이나 신기한 물건이 많은 곳에서는 자극을 받아 마치 빠른 시계추처럼 아이의 눈동자가 쉴 새 없어 왔다 갔다 한다. 좀 더 성장하여 초등학교에 입학할 나이가 되면 유별난 행동을 하던 아이도 조금은 얌전해지지만 집중력은 떨어진다. 흔히 선생님이 내준 과제물이나 지시 사항을 이해하지 못해 부모가 선생님이나 다른 학부모에게 확인해야 한다. 또한 수업시간에 선생님 말씀에 귀를 기울이지 않고 멍하니 딴 생각에 잠겨 있어 질문에 엉뚱한 대답을 하곤 한다. 수업 시간에 필기를 엉망으로 하고 시험을 볼 때도 실수를 해서 틀리거나 문제를 빠뜨리고 푸는 수가 많다. 자연히 학습장애가 수반되어 독해나 받아쓰기에 어려움을 겪고 성적이 뒤쳐져서 학업에 흥미를 잃는다.

3. 충동적으로 행동해요

부모나 선생님 입장에서는 아이가 충동적으로 행동할 때 가장 골치 아프다. 학령기 이전의 아이는 결과에 대한 생각 없이 기분 내키는 대로 일을 저지르며, 자신의 요구를 바로 들어주지 않거나 뜻대로 되지 않을 때는 심한 발작을 보인다. 아이의 기분도 수시로 변해 쉽게 흥분하고 화를 잘 내며, 사소한 일에도 좌절하거나 울음을 잘 터뜨린다. 단체생활에서 다른 아이들이 노는 것을 방해하여 자주 싸움을 일으키며, 자기 마음대로 안 되면 선생님에게 욕을 하거나 물건을 던지기도 한다. 친구들과 게임을 할 때 자기 차례가 올 때까지 참고 기다리지 못한다. 이러한 충동적인 행동으로 인해 자연히 부모와 아이의 관계가 악화되고 단체생활에서 소외된다. 더욱이 초등학교 고학년이 되면 학업 능력이나 의사표현 능력, 교우관계에 열등감을 느끼면서 공격적인 행동을 많이 하게 되고, 욕이나 거짓말은 물론 남의 물건을 훔치는 등 비도덕적 행동들을 하기 시작한다.

주의력 결핍 과잉행동장애에서 흔히 나타나는 증상으로는 전반적 신체발육의 미숙과 야뇨증이 있다. 또한 섬세한 운동 조작이 미숙하여 수영이나 스케이트 등 균형을 요하는 운동을 잘 못하는 경우가 있다.

이렇게 치료하세요 -

주의력 결핍 과잉행동장애아는 문제 행동으로 인해 대인관계를 원만하게 유지하지 못한다. 집에서는 부모나 형제, 학교에서는 친구나 선생님과 문제가 생긴다. 자연히 아이는 학습에 흥미를 잃고 학교생활은 더욱 엉망이 되기 마련이다. 적절한 약물 치료를 비롯해 부모와 선생님의 상담, 행동 치료, 학습장애에 대한 특수교육 등 다각적인 차원에서 치료해야 한다. 곧 의사, 부모, 선생님, 특수교사 간의 긴밀한 협조가 필요하다.

1. 약물 치료

대개 중추신경자극제가 사용되는데 2주 정도 투여해보면 그 효과를 알 수 있다. 일단 약물로 증상을 경감시켜야 행동 치료나 부모의 말에 귀를 기울이는 것이 가능하므로 약물 치료를 먼저 실시하며 70~80퍼센트는 효과가 있는 것으로 보고되고 있다. 약물 치료만으로도 아이가 안정되며 아이와 소모적인 싸움을 하는 일이 줄어들게 되어 주변 사람들이 편안해진다.

2. 주변 환경 정리

주변 환경에 자극을 받지 않도록 아이의 공부방이나 집안 분위기는 차분하게 꾸민다. 쓸데없는 그림이나 장식물은 정리하고 방의 벽지는 어지럽지 않은 단색 문양이 좋다. 그리고 공부방에는 책상과 책 이외에 다른 물건들을 치운다.

3. 특수교육

학습장애가 동반되므로 선생님이 더 많은 관심을 가져야 하며 특수교사로부터 방과 후 개인 수업을 받을 수 있으면 더 좋다. 정상적인 아이와 비교해 집중력이 떨어져 반복적이고 지겨운 것을 참지 못하며, 생각하기를 싫어하기 때문에 이런 아이들을 가르칠 때는 특별한 학습법이 요구된다.

첫째, 학습 시 방해되는 주변 환경을 정리하여 자극을 받지 않도록 한다.

둘째, 집중력이 지속되지 못하므로 공부시간을 짧게 해야 한다.

셋째, 아이의 흥미를 끌 수 있는 새롭고 재미있는 학습법을 고안해야 한다.

넷째, 아이가 계속 딴청을 피울 때는 학습을 중지하고 쉬었다가 몇 분 후 다시 시작하는 것이 효과적이다.

다섯째, 계획표, 메모장, 암기장 등을 활용한다. 대개 이런 아이들은 쓰는 것을 상당히 귀찮아하는데, 그럴수록 자꾸 쓰고 외우는 습관을 키워주어야 한다. 또한 약속이나 기억해야 할 중요한 사항은 반드시 기록해두는 습관을 길러주어야 한다.

선생님, 부모, 의사가 서로 협조하여 아이의 행동이나 학습 능력에 관한 평가 및 계획을 세우는 것이 좋다.

4. 행동 치료

바람직한 행동을 할 때는 부모가 상을 주거나 칭찬을 해주고 반대로 그렇지 못할 때는 벌을 주거나 무관심한 태도를 보여 아이로 하여금 바람직한 행동을 하도록 유도한다. 치료 후에는 아이의 조그만 변화에도 관심과 칭찬을 아끼지 말아야 한다. 이런 아이들은 칭찬을 받아본 경험이 없기 때문에 의외로 큰 효과를 거둘 수 있다. 주어진 과제를 수행한 후 받게 되는 긍정적 보상은 처음부터 시간을 요하는 보상, 예를 들어 "오늘 주어진 학습을 훌륭히 마쳤으니 돌아오는 일요일에 네가 좋아하는 영화를 보러가자."보다는 즉각적인 보상, "지금부터 10분간 네가 좋아하는 게임을 해도 좋다."라고 말한다.

5. 취미 생활

아이의 행동을 지나치게 통제하면 스트레스를 받게 되므로 이것을 적절히 풀어주어야 한다. 활동적이면서 집중을 요구하는 탁구, 검도, 태권도 같은 운동이나 드럼 같은 악기 연주가 아이에게 도움이 된다. 아이가 흥미를 보이는 취미나 잘하는 특기가 있으면 칭찬해주고 성취감과 자신감, 보람을 느낄 수 있게 해준다. 이 부분은 매우 중요한데, 실제로 주의력 결핍 과잉행동장애를 지닌 사람 가운데는 음악이나 그 외의 분야에서 예술적 재능을 보이는 사람들도 많다.

6. 부모와 선생님의 상담 교육

부모와 선생님들은 상담 교육을 통해 아이의 문제 행동이 왜 발생하는지에 대해 이해해야 한다. 아이의 문제 행동이 병에 의해 나타나는 불가항력적인 것인데, 이를 이해하지 못하는 부모나 선생님에게 아이는 단지 말썽꾸러기, 귀찮은 아이, 심지어 제발 좀 없어졌으면 하는 존재로 비추어질 뿐이다. 먼저 부모가 담임선생님을 만나 아이의 문제점을 얘기하고, 선생님은 이를 토대로 아이의 행동을 관찰해 그 정보를 의사에게 보고해주어야 한다. 그리고 약물량 조절 등의 종합적 치료 대책이 마련되어야 한다.

성장 후 초래되는 문제 행동들

집중력장애, 충동성장애, 과잉행동장애가 있는 아이들의 경우 과잉행동은 자라면서 나아지지만 집중력장애아와 충동성장애아는 계속 문제를 일으킬 수 있다. "언젠가는 나아지겠지."라고 생각하며 막연히 자연 치유를 기대하고 기다리는 것은 무모하다. 조기 치료를 하지 않으면 부주의로 인해 사고가 일어날 수 있고, 학교생활이나 대인관계에 적응하지 못하거나, 학습장애 등 발달에 심각한 장애가 초래된다.

사춘기가 계속되면 충동적인 도벽, 약물 남용, 비행을 저지르게 되므로 주의해야 한다. 현재 미국에서는 아동기에 이 장애의 진단을 받은 아이들이 어른이 돼서도 성인 주의력 결핍 과잉행동장애를 보인다는 결과가 나와 주목을 받고 있다. 어른 중 유난히 성질이 급하고 교통사고를 내는가 하면 자주 물건을 잃어버리고, 생각하기 전에 무작정 행동하는 사람들, 예컨대 계획성 없어 돈을 마구 쓰거나 직장을 자주 옮기는 성향이 있다면 자신이 어린 시절 부산하고 산만하지 않았었는지 알아봐야 한다.

어머니와
안 떨어지려고 해요

불안과 공포 심리

인간이라면 누구나 공포나 불안 심리를 갖고 있다. 아이들도 예외는 아니다. 그러나 부모들은 아이의 공포나 불안감에 대해 잘 모르거나 무시한다. 아이들이 가지는 공포라는 것이 어른의 입장에서 보면 대수롭지 않게 보이기 때문이다. 하지만 아이의 입장에서 보면 이것은 매우 심각한 것이다.

어린 시절을 되돌아보면 누구나 어떤 것에 대한 공포를 갖고 있을 것이다. 화장실에서 귀신이 나온다거나 갓 쓴 망태할아버지가 아이를 잡아간다거나 처녀 귀신이 나타난다거나 하는 이야기를 들으면 밤에 무서워서 밖에 나가지도 못하고, 화장실에 가기도 두려워했을 것이다.

이러한 불안이나 공포는 정상인들도 느낀다. 공포는 일종의 자기 방어의 수단으로, 위험이나 고통이 예상되면 미리 긴장하여 대책을 세우는 데 도움이 된다. 위기 상황으로부터 자신을 보호하고 다가올 위험을 미리 예측할 수 있는 것은 공포 심리가 있기 때문에 가능한 일이다. 아이가 공포나 불안 없이 제멋대로 행동한다면 위험을 피하기 어려울 것이다. 그러나 사소한 일에 불안해하거나 공포를 느껴 일상생활에 지장을 받을 정도라면 공포장애가 아닌지 의심해봐야 한다.

공포를 느끼는 이유

공포를 느끼는 정도는 사람에 따라 다르다. 어떤 아이는 유난히 공포에 민감한 반면 어떤 아이는 둔감하다. 이것은 여러 가지 요인이 복합되어 있기 때문이다. 공포에 민감한 아이는 기질적으로 그러한 성향을 타고난다. 부모의 양육 방법도 아이에게 상당한 영향을 미친다. 예컨대, "너 그렇게 말 안 들으면 다리 밑에 버릴 거야!" 또는 "엄마, 집 나가서 다시는 안 들어올 거야!" 하는 말을 자주 들으며 자란 아이는 어머니와 떨어지는 것에 대한 공포가 클 수 밖에 없다.

곧 공포는 경험과 상관관계가 있다고 볼 수 있다. 과거에 개한테 물렸던 나쁜 기억을 갖고 있는 아이들은 개에 대한 공포를 갖고 있다. 또 우리나라처럼 입시 경쟁이 치열한 환경에서 자란 아이들은 시험에 대한 공포를 느끼기 마련이다.

이처럼 불안이나 공포는 누구나 느끼는 것이지만 그 정도가 심각해서 일상생활에 문제가 될 정도면 전문가의 도움이 필요하다.

공포장애

4~5세가 되면 아이들은 유치원에 다니는데, 이 시기에 느끼는 공포는 매우 단순하다. 무서운 장면이나 동물, 벌레, 천둥소리 같은 외부 자극이나 어머니에게 야단맞을지도 모른다는 현실적인 상황에서 공포를 느낀다. 이외에도 도깨비나 귀신, 괴물 등 상상 속의 것들에 공포를 느끼며 실제 그런 것들이 존재한다고 믿고 이에 대해 무서운 꿈을 꾸기도 한다. 이런 상상 속의 공포는 현실 생활이 반영된 것이라고 보는 정신분석학자들도 있다. 곧 아버지와 갈등이 있는 아이는 꿈에서 도깨비를 보고, 어머니와 갈등이 있는 경우에는 귀신을 본다는 것이다.

그런데 어떤 특정한 상황이나 대상에 대해 병적이고 불합리한 두려움을 갖는다는 것은 공포장애 때문이다. 아이는 실제로 위험하지 않다는 사실을 알지만 그 상황에 직면하면 심한 공포를 느끼고 피하려고 한다.

2~3세 때는 주로 동물에 대해, 4~5세 때는 어둠이나 귀신, 도깨비에 대해 공포를 느낀다. 학령기가 되면 질병이나 신체적 손상에 대해 공포를 느끼고, 초등학교 고학년이나 사춘기가 되면 자신에 대한 타인의 평가나 비난에 대해 두려움을 갖게 된다. 이러한 공포는 일시적으로 나타났다가 자연스럽게 사라지는데, 일상생활을 방해할 정도로 지속되면 공포장애를 의심해봐야 한다. 공포장애는 특정한 상황이나 대상에 국한된 공포를 보이는 특정 공포증과 대인관계를 기피하는 사회 공포증으로 나뉘어진다.

1. 특정 공포증

특정 공포증이란 아이가 갑자기 특정한 소리, 곧 장사꾼이 외치는 소리나 종소리, 시계나 장난감 소리 등 강박적으로 특정 대상에 민감하게 반응하며 공포감을 느끼는 증상이다. 이것은 특정한 상황이나 대상을 두려워하고, 예견되는 두려운 상황을 피하려는 행동을 보여 일상생활에 지장을 초래하는 장애이다.

예를 들어 파충류나 벌레, 개를 무서워하는 동물 공포증, 엘리베이터 같은 좁은 공간에 갇히는 것을 두려워하는 폐쇄 공포증, 높은 곳을 못 올라가는 고소 공포증, 특정한 소리에 대한 공포증, 병균이나 신체 배설물과 같은 더러운 것에 대한 공포증 등이 있다.

일반적으로 아이의 특정 공포증은 성장하면서 자연스럽게 없어진다. 그러나 증세가 심각해 학교생활이나 일상생활에 장애를 초래하면 치료를 받아야 한다. 특정 공포증은 공포를 느끼는 대상에 노출시키는 시간을 늘려 가는 점진적 노출행동 치료exposure therapy가 효과적이다. 예를 들어, 개를 무서워하는 아이의 경우에는 '개 그림, 장난감 개, 강아지, 개'순으로 점차 강도를 높여 공포 대상에 노출시키는 것이다. 완치도 가능하나 부모가 심리 상담이나 약물 치료를 두려워하면 문제가 된다.

2. 사회 공포증

사회 공포증은 좀 더 성장한 아이에게 나타나는 증상으로, 남과 이야기할 때 지나치게 수줍음을 타서 고개도 못 들거나, 목소리가 작아지는 등 매우 소극적으로 행동한다. 일종의 응시 공포, 혹은 주시 공포라고 할 수 있다. 남이 자신의 행동을 주시한다는 두려움 때문에 남 앞에서 말하거나 음식 먹기, 공중 화장실이나 목욕탕 가기를 두려워하여 일상생활에 제약을 많이 받는다.

사회 공포증이 있는 아이는 남 앞에서 얼굴이 빨개지거나 당황해한다. 때문에 학교생활을 하거나 일상생활을 하는 데 위축되고 자신감이 없어진다. 어린 아이의 경우 낯선 곳에 가면 어머니 곁에서 떨어지지 않으려고 하며, 낯선 사람 앞에서는 전혀 입을 열지 않는 함구증을 보이기도 한다.

사회 공포증은 어렸을 때 치료하지 않으면 성인이 되어서도 회사 생활을 하거나 대인관계를 형성하는 데 큰 장애를 초래하기 때문에 조기에 발견해 치료해주어야 한다. 정신과적 면담을 받아보고, 놀이 치료, 약물 치료, 공포의 대상에 노출시키는 행동 치료를 받아야 한다. 이런 아이는 병원에 오는 것 자체에 공포를 느껴 치료를 거부하므로 부모와 치료자가 인내심을 갖고 노력해야 한다.

분리불안장애

아이의 낯가림은 태어나 제일 먼저 느끼는 공포라고 볼 수 있다. 생후 3~4개월까지는 아이는 아무나 보고 미소를 짓지만 6~7개월이 되면 낯을 가리기 시작한다. 1~2세가 된 아이는 낯선 사람을 만나거나, 어머니가 혼자 나가려고 하면 떨어지지 않으려고 난리를 친다. 잠에서 깨면 제일 먼저 어머니를 찾기 시작한다. 이를 분리불안이라고 하는데

3~4세가 되어야 비로소 어머니와 잠시 떨어져 있는 것에 적응하기 시작한다. 어머니가 시야에서 사라져도 다른 곳에 있다는 믿음이 생기고 분리불안이 점차 감소돼 자연스럽게 어머니와 떨어질 수 있게 된다.

마찬가지로 낯선 경험을 하는 순간 아이들은 분리불안을 느끼게 된다. 학령기가 된 아이가 학교에 처음 등교를 한다거나 수줍고 겁이 많은 아이가 처음 유치원이나 놀이방에 가게 되면 불안해하며 일시적으로 어머니와 떨어지지 않으려고 한다. 그런데 그 행동이 6개월 이상 지속되어 자주 결석하거나 조퇴를 하면 문제가 있다.

아이는 선생님이 무섭다거나 규칙이 엄한 경우, 혹은 숙제를 안 해서 벌받을까봐 두렵거나, 친구로부터 괴롭힘을 당할 때 등교를 거부하기도 한다. 그런데 어머니와 떨어지면 다시는 못 볼 것 같은 두려움에 학교를 못가는 아이는 분리불안장애를 의심해봐야 한다. 이런 아이들은 학교에 가서도 쉬는 시간마다 집에 전화를 걸어 어머니가 집에 있는지 확인한다.

왜 이럴까요 --

분리불안의 원인은 매우 다양하다. 부부싸움을 자주 하다 보면 어머니가 화가 나서 집을 나가버리겠다는 말을 하는데, 이 말을 들은 아이는 불안해한다. 또는 가까운 친척이 돌아가셨거나 가족 중 한 사람이 병으로 입원해 있어서 아이가 부모나 가족과 떨어져 있었던 경우, 동생의 출산으로 인해 어머니의 사랑을 빼앗겼다고 생각하는 경우 아이는 분리불안 증세를 보인다.

분리불안 장애는 대부분 아이가 어머니의 사랑에 대한 확신을 갖고 있지 못한 것이 원인이다. 곧 어머니가 눈앞에 없지만 어딘가에 있으며 내가 필요할 때는 도움을 줄 것이라는 믿음이 없다.

이런 증상을 보여요 --

분리불안장애가 있는 아이는 아침에 학교 갈 때가 되면 머리나 배가 아프다고 호소하며 어머니와 떨어지지 않으려 한다. 그리고 어머니와 떨어져서 집에 혼자 있거나 친구 집에 놀러 가는 것을 두려워한다. 어머니가 곁에 있어야 잠이 들며, 어머니와 관련된 악몽을 자주 꾼다. 주로 어머니가 괴물한테 잡아먹힌다거나 어머니가 멀리 떠나 이별하는 꿈이다. 아이는 납치나 유괴, 혹은 일어날 가능성이 없는 일을 상상하며 불안해하거나 어머니가 죽거나 병에 걸리지는 않을까 하는 걱정을 한다. 때문에 항상 어머니가 어디에 있는지 소재를 확인하려고 한다.

이렇게 치료하세요 --

아이가 학교를 안 가겠다고 고집을 부리는 것은 아이에게 문제가 있음을 알리는 응급 상황이다. 아이가 분리불안 증세를 나타내면 그 원인이 무엇인지 아이와 대화를 통해 알아보고 해결해야 한다.

부부싸움이 잦거나 어머니가 심각한 우울증에 빠져 있으면 문제가 더욱 심각하다. 아이 앞에서 어머니가 자주 울거나 괴로워하며, 죽고 싶다거나 집을 나가겠다, 이혼하겠다는 말을 하게 되면 아이의 증세가 나아지지 않기 때문이다. 어머니와 아이 모두 정신적인 문제가 있는 경우 정신과 치료도 같이 병행해야 한다. 등교를 계속하는 아이는 소아정신과 전문이에게 상담을 받고 약물 치료와 행동 치료를 받는다. 심각한 경우에는 입원해야 한다.

과잉불안장애

아이들이 죽음을 인식하고 이에 대한 공포를 느끼기 시작하는 것은 10세부터이다. 이 시기의 공포는 매우 단순해서 주로 '부모님이 돌아가시면 어떻게 할까?', '우리 집이 무너지면 어떻게 하지?' 등 가족의 안전에 대한 공포나 자신에게 위험이 닥칠까봐 두려워한다.

초등학교 고학년이 되면 인지 능력이 빠르게 발달하면서 공포 불안의 대상이 좀더 추상적인 형태로 변하게 된다.

학령기에는 자기 성찰 및 미래에 대한 사고가 가능해져서 내적인 불안 증세를 동반하게 된다. 내적인 불안이란 쉽게 불안의 대상이 존재하지 않거나, 일어날 확률이 거의 없는 일까지 미리 걱정하고 대비하는 것을 말한다. 예를 들어, 텔레비전에서 가스가 폭발하는 장면을 보고 강박적으로 가스 밸브를 잠그는 등 심각한 불안 심리를 나타낼 경우 과잉불안장애라고 한다.

아이에 대한 부모의 기대가 너무 크거나, 부모가 걱정이 지나치게 많은 불안증 환자의 경우 아이에게도 영향을 미친다. 이런 부모들은 도덕적이고 매사에 완벽을 추구한다. 아이에게도 "하지 마라.", "그건 나쁜 거야." 하는 식으로 엄격하게 가르친다. 아이는 겉보기에는 모범생이지만 고지식하고 융통성이 없는 성격을 갖게 된다. 자신의 일은 물론 동생이나 부모의 일까지 일일이 참견하며 걱정한다. 아이답지 않게 어른스러운 걱정을 많이 해 조숙하고 똑똑하다고 칭찬을 받기도 하지만 불안 심리 때문에 하는 행동일 뿐이다.

이런 아이는 미래에 어떤 일이나 사고가 일어날까봐 걱정하거나 자신이 과거에 했던 행동을 분석하는 데 시간을 많이 소비하는 과잉불안장애를 보인다. 예컨대, 낮에 친구와 했던 대화 내용을 분석하느라 밤에 잠을 못 이룰 정도이다. 시험이나 운동, 학업 등에 스트레스를 받고 지나치게 불안해한다. 뚜렷한 원인 없이 두통이나 복통 같은 신체적 불안함을 끊임없이 호소한다. 또 문이나 가스 밸브가 제대로 잠겼는지 몇 번씩 확인하느라 시간을 소모한다. 이런 상황이 계속되면 아이는 만성적인 긴장감으로 인해 쉽게 피로를 느끼고, 성적이 떨어지게 된다. 소변을 자주 본다거나 머리나 배가 아프다고 호소해 병원을 들락거리게 된다. 소아과나 내과 병원에서 진찰이나 검사를 받아도 특별한 이상이 발견되지 않고 신경성이라는 진단을 받는다. 이 경우 소아정신과 전문의에게 상담을 받아야 한다.

이렇게 치료하세요 --

아이가 과잉불안장애를 갖고 있을 때는 부모가 먼저 아이를 대할 때 융통성 있는 태도를 가져야 한다. 아이가 너무 모범적인 것이 문제이기 때문이다. 아이에게 양심이나 규칙, 도덕관념을 강조하는 대신 느슨하게 풀어주고 편하게 대해주어야 한다. 즐거운 경험이나 재미있는 놀이를 같이 해주고 아이와 시간을 보내는 것도 좋은 방법이다.

자녀양육을 위한 잠언

- **37초**: 아빠가 자녀들과 하루에 나누는 대화시간은 불과 37초 밖에 되지 않는다고 한다. 그래서 "아빠"가 "바빠"가 되고 "바빠"가 "나빠"가 된다.
- **실조병**: 이 세상에서 영양실조보다 더 무서운 병은 '부성실조'와 '모성실조'라 할 수 있다.
- **자녀를 노엽게 마라**: 인류 역사가 시작된 이래 많은 심리학자, 아동학자, 교육학자들이 엄청난 아동 지침서를 집필해 왔다. 그 내용을 몽땅 요약해보면 "네 자녀를 노엽게 하지 마라"는 것이다.
- **나대로**: 나대로 자라도록 내버려둬라. 왜 나대로 자라려고 하는지 이해해주어라. 어머니처럼 되라고 원하지도 마라. 아버지처럼 되기를 바라지 마라. 그렇다고 하여 나의 선생님처럼 되었으면 좋겠다고 생각하지도 마라. 더도 말고 덜도 말고 나대로만 자라도록 이해하고 도와주어라.
- **포기자**: 자녀교육의 패배자는 '실패자'가 아니라 '포기자'이다.
- **평생 불구**: 부모들이 자녀들과 정서적으로 멀리 떨어져 지내게 되면 자녀를 평생 정서적 불구로 만들어버리고 만다.
- **존경**: 자녀들은 존중하므로 존경받는다. 부모들이 잘못을 시인하고 용서를 구할 때 자녀들은 말할 수 없는 신뢰감을 갖게 된다.
- **체내 조깅**: 웃음은 횡경막을 완화시키고 폐를 운동시키며, 혈액 속의 산소량을 증가시켜 심장과 혈관의 상태를 좋게 가다듬어준다. 웃음을 가리켜 내면세계의 깊숙한 마사지라고도 하고 '체내의 조깅'이라 부르는 이유가 이것이다.
- **동화책**: 아이가 잠들기 전까지 동화책을 읽어주자. 상상력이 풍부해지고 안정감이 생길 것이다.
- **효자**: 부모가 온전한 효자가 되어야 자식은 반 효자라도 된다.
- **결핍**: 물질의 결핍에는 몸이 마르지만, 사랑의 결핍에는 혼이 마른다.
- **인물상**: 한 유치원 선생님이 어머니들을 초청하여 종이 한 장씩을 나누어주고 질문을 했다. "지금 유치원에 다니고 있는 당신의 자녀가 자라서 장차 어떤 사람이 되기를 바라십니까? 나누어드린 종이에 그것을 써 주십시오."그

랬더니 모두들 기술자, 학자, 약사, 의사, 판검사 등 어머니가 바라는 인물상을 적어냈다. 그런데 한 어머니는 이렇게 적어서 냈다. "'미안합니다. 제 잘못입니다.'라고 말할 줄 아는 사람이 되기를 바랍니다."

- **자녀들**: 당신의 자녀들은 당신 것이 아니다. 그들은 생명의 아들이고 딸이다. 그들은 당신을 통하여 왔으나, 당신으로부터 온 것은 아니다. 당신과 함께 있으나, 당신의 것은 아니다. 그들에게 당신의 사랑을 줄 수 있으나, 생각은 줄 수 없다. 왜냐하면 그들도 자신의 생각이 있으니 말이다. 당신은 그들의 몸을 가둘 수 있으나, 마음을 가둘 수는 없다. 왜냐하면 그들의 마음은 미래의 집에 거주하기 때문이다. 당신은 그 곳을 방문할 수도 없다. 꿈속에서조차 당신이 그들처럼 되고자 하는 것은 좋으나 그들을 당신처럼 만들고자 하지 마라. 왜냐하면 인생은 과거로 가는 것도 아니며 어제에 머무르지 않기 때문이다.(칼릴 지브란)
- **칭찬**: 남을 칭찬하는 데 열심을 다하자. 칭찬은 메아리 같아서 반드시 되돌아온다.
- **자녀의 의견**: 자녀의 의견을 존중하여 경청하자. 다 들었으면 먼저 칭찬을 해주고 문제가 있는 부분은 조심스럽게 지적하자. 당신의 자녀는 자신감이 넘치고 적극적인 아이가 된다.

· 이 글은 '좋은 엄마, 아빠모임(www.seri.org/fr/fPdsL.html)'에 수록된 것입니다.

4장

마음이 건강한
아이로 키우자

전혀 관심을
보이지 않아요

　맞벌이 부부가 증가하면서 할머니나 가까운 친척, 또는 베이비시터에게 양육을 맡기는 가정이 늘어나는 추세다. 이런 가정에서 자란 아이들 중에는 상대방과 눈을 맞추려고 하지 않으며 언어 발달이나 사물에 대한 이해력이 또래 아이들에 비해 떨어지고 자극에도 별다른 반응을 보이지 않는 경우가 있다. 어머니와 애착이 형성되는 유아기에 어머니와 떨어져서 정서적 장애가 발생하게 된 것인데, 이를 반응성 애착장애라고 한다.

　반응성 애착장애는 선천적인 것이 아니라 부모의 양육 환경에서 비롯된 문제라고 할 수 있다. 곧 부모가 자신의 일에 몰두해 있거나, 또는 어머니가 우울해 아이를 잘 돌보지 못한 경우이다. 인간은 사회적 동물이기 때문에 대인관계를 형성하면서 기쁨이나 외로움, 고통 등의 감정을 경험하게 된다. 교도소에 죄인이 가장 무서워하는 징벌이 독방 형이라고 한 것만 봐도 사람은 사랑하는 사람과 이별, 주변 사람들의 무관심으로 인해 소외감을 느끼며 고통스러워한다는 것을 알 수 있다. 이와 반대로 사람은 주변 사람들에게 인정받고 사랑받을 때 행복을 느낀다. 누가 시키지 않아도 아침부터 밤늦게까지 열심히 일하는 것은 주변 사람들로부터 인정받으려는 욕구가 있기 때문이다.

이것은 아이의 발달과정을 살펴보면 더욱 명확해진다. 신생아는 주변 자극에 대한 반응 없이 잠만 자는 정상적인 '자폐기'를 거친다. 3개월이 되면 대인관계를 형성하기 시작하면서 주변 사람들에게 미소를 짓는다. 그러나 이것은 특정한 사람을 향한 것이 아니다. 5~6개월이 되면 비로소 어머니를 알아보고 빙긋이 웃는다.

8개월이 되면 애착 형성기로 어머니에 대한 애착이 생긴다. 이때부터 낯선 사람에게 대한 공포를 느끼는 낯가림이 시작되고 어머니와 떨어지면 불안해하는 분리불안 또는 이별 불안이 나타난다. 낯가림, 분리불안은 어머니와 애착관계가 잘 형성된 아이들에게 나타나는 정상적인 반응이다.

왜 이럴까요 --

반응성 애착장애는 언뜻 자폐증과 비슷해 보일 수 있다. 두 증상은 애착 형성의 장애 원인이 무엇이냐에 따라 구분된다. 장애 원인이 아이가 선천적으로 타고난 것이라면 소아정신 질환인 자폐증이다. 그러나 주변 사람들의 관심이나 애정 결핍이 원인이라면 반응성 애착장애이다.

어머니가 회사 일 때문에 아이와 지내는 시간이 별로 없거나 베이비시터가 자주 바뀌면 아이는 정서적으로 불안정하다. 또한 베이비시터가 아이를 기르는 데 미숙하거나 방치한 경우에는 아이의 영양 상태가 나쁘고 발육이 늦게 마련이다. 이런 아이는 언어 발달이 또래 보다 느리고 사람이나 사물에 대해 잘 반응하지 않는다.

이런 증상이 보여요 ------------------------------------

정상적으로 잘 발달한 아이는 빙긋 잘 웃고, 솔직하게 자기감정을 표현하지만 반응성 애착장애아는 이런 반응이 없고 사람을 대할 때 무덤덤하거나 피한다. 반대로 전혀 낯가림을 하지 않기도 한다.

처음 본 사람에게 마치 전부터 알고 지냈던 것처럼 친근하게 대하고, 헤어질 때는 반응 없이 무덤덤할 때도 있다. 이것은 아이의 애착형성이 제대로 안 되었기 때문이다.

심리학자 에인스워드M.Ainsworth는 아이를 잠시 부모로부터 떨어지게 한 다음 다시 만나게 했을 때 나타나는 아이의 반응을 실험했다. 어머니와 아이를 놀이방에 있게 한 뒤 어머니가 잠시 나갔다 돌아오게 하여 아이가 어떤 반응을 보이느냐에 따라 그 결과를 기준으로 애착의 형태를 다음의 세 종류로 구분했다.

1. 안전한 애착
아이는 어머니와 떨어지면 무서워하고 당황해하며 울음을 터뜨린다. 잠시 떨어진 후 다시 만나면 어머니에게 매달리고 곧 안정을 되찾는다. 어머니와 애착 형성이 원만하게 이뤄진 아이는 어머니를 안전한 기지로 생각한다.

2. 양가적 애착 ambivalent attachment

어머니와 아이가 애착 형성이 불안정한 경우이다. 아이는 어머니와 다시 만나면 처음에는 반가운 표정을 짓지만 어머니가 안아주려고 하면 도망가는 접근과 회피의 모순되고 이중적인 행동을 한다.

3. 회피적 애착 avoidment attachment

역시 애착 형성이 불안정한 경우로, 아이가 어머니와 떨어져도 울지 않고 돌아왔을 때 어머니를 무시한다. 어머니를 보면서 반기지도 않고 울지도 않으며 덤덤함 표정으로 피한다.

3세 이전의 아이는 충분한 영양 섭취와 함께 부모의 애정과 관심을 원한다. 충분한 사랑을 받지 못한 반응성 애착장애아는 양가적 애착이나 회피적 애착, 혹은 어떤 범주에도 속하지 않는 이상한 행동을 보인다. 이런 행동은 아이와 어머니 사이에 진정한 의미의 애착형성이 안 됐기 때문이다.

반응성 애착장애는 지능이나 언어 발달, 신체 발육이 또래에 비해 떨어진다. 태어나서 최초로 관계를 맺는 대상인 어머니와 애착형성을 못한 아이는 성장하면서 만나는 다른 사람들에게도 애착 형성을 못하게 된다. 사회적으로 대인관계 형성에 심각한 장애가 일어날 수 있는 것이다.

반응성 애착장애아는 충분한 애정을 보여주면 치료할 수 있다. 부모가 지속적인 관심과 애정을 갖고 아이와 놀아준다거나 특수교육을 통해 아이가 애착 감정을 경험할 수 있도록 도와주면 극복이 가능하다. 부모가 아이와 애착 형성을 할 수 있는 방법은 무엇이 있을까.

첫째, 아이와 자주 눈을 맞추며 대화를 나눈다.

둘째, 신체적 접촉을 가능한 한 많이 한다. 예를 들면 껴안기, 등 두드려주기, 머리를 쓰다듬거나 빗겨주기, 같이 목욕하기, 간지럼 태우기, 뽀뽀해주기 등 의식적으로 신체 접촉을 늘려나간다.

셋째, 아이가 장난감을 갖고 놀 때 어머니가 적극적으로 나서서 같이 놀아주고 질문을 많이 한다.

넷째, 아이가 잠들 때까지 어머니가 곁에서 있어 주고 신체적으로 접촉하거나 책을 읽어주면서 재운다.

이외에도 반응성 애착장애아들은 신체적으로 왜소하고, 언어 발달이 늦는 등 전반적으로 성장 지체를 보이므로 특수교육이나 언어 치료들을 집중적으로 시행해야 한다. 어머니가 직장에 다닐 경우 아이와 같이 있는 시간을 늘리기 위해 휴직을 고려해봐야 한다.

눈을 자주
깜박거려요

아이가 특별한 이유 없이 킁킁거리며 이상한 소리를 내거나 눈을 계속 깜박거릴 때가 있다. 갑자기 근육이 연속적으로 꿈틀거리거나, 때로는 이상한 몸짓을 보이기도 한다. 대개 부모들은 아이의 이런 행동을 이상은 버릇 정도로만 생각해서 무작정 야단을 치지만 별로 나아지지 않는다. 이렇게 주변에서 흔히 볼 수 있는 행동 증상을 틱장애Tic Disorder 라고 하는데, 심각한 경우에는 상담을 받아야 한다.

왜 이럴까요

틱장애의 원인은 아직까지 뚜렷하게 밝혀진 것이 없다. 단지 가족 중에 틱 환자가 있는 경우가 많은 것으로 보아 유전적 영향이 크다고 볼 수 있다. 최근의 연구 결과에 따르면 도파민이나 노어아드레날린과 같은 뇌신경 전달물질이 이 병과 깊이 연관돼 있는 것으로 알려져 있다. 또한 오락이나 게임을 할 때 혹은 텔레비전을 보다가 긴장이나 흥분을 할 때 자주 생기는 것으로 보아 심리적 요인이 크게 작용하는 것으로 보인다.

어떤 형태든 긴장과 스트레스를 계속 경험하는 아이들에게서 많이 발견된다. 특히 강압적인 환경에서 무리하게 공부를 한다거나 가족 내의 불화로 인한 공포 분위기 때문에 스트레스를 받는 아이들에게 쉽게 찾아볼 수 있다. 간혹 감기약이나 기관지 확장제에 포함된 정신자극제 투여 시에도 이 장애가 생길 수 있다. 이런 경우에 약물을 중단하면 틱 증상은 사라진다.

이런 증상을 보여요 ------------------------------------

주로 초등학교 저학년(7-9세) 남자아이가 틱장애로 상담실을 찾는 경우가 많다. 이 나이의 아이들 중 10–20퍼센트가 이런 증상을 보이며 일부는 만성적인 경과를 보인다.

틱 증상이 4주 이상 매일 나타나다가 1년 내에 자연스럽게 없어지는 것을 일과성 틱장애라고 하고, 1년이 넘도록 증상이 지속될 때는 만성 틱장애라고 한다. 만성 틱장애 중에서도 운동 틱 증상과 음성 틱 증상을 동시에 보이는 경우, 이 병을 처음 발견한 프랑스 의사의 이름을 따서 '뚜렛장애 Tourette disorder'라고 한다.

이 증상은 흔히 부산스럽고 강박적인 행동을 수반한다. 예컨대 입을 씰룩거리거나 눈을 깜빡이면서 동시에 '끽끽'하는 소리를 내거나 침을 뱉는다.

부모나 아이들이 호소하는 증상에 따라 크게 단순 운동 틱과 단순 음성 틱으로 나눌 수 있다. 계속해서 눈을 깜빡거린다거나 머리를 흔드는 것, 혹은 어깨를 움찔거리거나 입술을 삐죽거리는 행동이 단순 운동 틱에 속하고 가래침을 뱉는 듯한 소리나 입술 빠는 소리, 침 뱉는 소리 등과 더불어 '끽끽'소리를 내거나 킁킁거리는 것은 단순 음성 틱이다. 그런가 하면 단순 틱보다 복잡한 행동 형태나 말소리를 내는 틱 증상이 나타날 때도 있는데 이를 복합성 틱이라고 한다.

예를 들면, 갑자기 손뼉을 친다거나 양 손가락을 디스코 추듯이 코끝에 갖다 대기도 하고 자신의 신체 일부를 주먹으로 치기도 한다.

깡충깡충 뛰면서 발을 굴러 마치 상대방을 약 올리려는 듯 외설적인 몸짓을 하는 경우도 있다. 한마디로 복합성 운동 틱은 매우 다양한 증상을 보이는데 주변 상황과 전혀 관계없는 말을 순간적으로 내뱉기도 한다. 예컨대, 얌전하게 있던 아이가 어느 순간 이유를 알 수 없는 상스러운 욕이나 외설적인 말을 뇌까리는 증상을 보이기도 한다. 따라서 복합성 틱은 이 병에 대해 전혀 모르는 사람이 들으면 상당한 오해와 싸움을 일으킬 수 있다.

틱장애 아이를 치료하는 방법에는 여러 가지가 있다. 특히 일과성 틱장애아는 부모가 도와주어야 한다. 틱장애는 잘못된 습관의 결과가 아니라 일종의 정서적·심리적 장애이기 때문이다.

부모들은 아이가 틱 증상을 보일 때 매우 고통스러워 한다. 참다못해 화를 내거나 혹은 나쁜 습관으로 여겨 체벌을 가하기도 하지만 효과는 없다. 틱 증상 자체에 대해 부모들은 일단 무관심한 반응을 보이면서 곁에서 유심히 지켜봐야 한다. 아이가 고의로 그러는 것이 아니므로 얼마나 힘들 것인가 하는 점을 배려해야 한다.

학교 선생님과 아이 문제를 상의하는 것이 좋다. 틱 증상으로 인해 수업시간에 집중하는 것이 어려우며, 교우관계도 나빠질 수 있기 때문이다. 따라서 수업 중 틱 증상으로 인해 도저히 참을 수 없는 경우엔 잠시 밖에 나갔다 올 수 있도록 대책을 세워놓아야 한다.

아이가 만성적인 긴장 상태에 있다면 부담을 주는 긴장 요소를 먼저 제거하도록 한다. 면담을 통해 아이가 겪고 있는 심리적 부담이 무엇인지 파악하고 그런 상황을 개선하도록 해야 한다. 예를 들어, 피아노나 미술, 컴퓨터 등과 같은 과외 학습을 버거워한다면 잠깐 쉬게 하는 것이 좋다.

위와 같은 노력에도 별 효과가 없이 1년 넘게 증상이 계속된다면 이는 만성적 틱장애로 봐야 한다. 이때 약물 치료는 물론 아이 때문에 예민해진 어머니와의 관계, 학교 부적응 문제, 그에 따른 행동 문제를 치료하기 위해서 반드시 의사와 상의해야 한다. 이와 같은 틱장애는 증상의 정도에 따라 주기적으로 반복하는 만성적 경고를 밟으므로 의사, 부모, 학교 선생님이 긴밀히 협조하는 것이 중요하다. 아이들의 정서 안정을 위해 주변 사람들이 끊임없이 애정과 관심을 보여주고 스트레스를 줄여주는 것이 해결책이다.

말하기를
두려워해요

부모 형제에게 말하는 데는 아무 문제가 없지만, 밖에서는 입을 꽉 다물고 전혀 말을 하지 않는 아이들이 있다. 다른 사람들이 보기에는 일부러 대화를 꺼려하는 것으로 오해할 수도 있다. 그러나 이것은 선택적 함구증이란 특수 질환이다.

실제로 과거에는 아이들이 말하기를 거부하는 것으로 보기도 했지만, 최근에는 말하기를 두려워하는 질환으로 진단한다. 곧 이 병을 앓는 아이는 낯선 사람 앞에서 말을 안 하는 것이 아니라 못하는 것이다.

왜 이럴까요 -------------------------------------

선택적 함구증은 가족 내 갈등으로 인해 나타나는 것이라고 주장하는 학자들이 있다. 한편에서는 불안장애의 일종이라는 의견도 나오고 있는데, 최근에는 이러한 관점이 더 설득력을 얻고 있다. 또 어떤 학자들은 아이가 충격적 사건을 겪거나 혹은 환경의 변화와 같은 명백한 유발 인자가 이 질병을 일으킨다고 보기도 한다. 선택적 함구증의 원인을 한마디로 설명하기는 어렵다. 아이마다 다양한 요인과 개인차를 가지고 있기 때문이다.

이런 증상을 보여요 --

발병 연령은 대개 3~8세 사이인데 학교에 입학하고 나서야 증상이 두드러져 병원을 찾는 경우가 많다. 선택적 함구증 환자는 수줍어하거나, 소심함, 두려움, 신경질적인 행동을 보이며 매우 예민해서 낯설거나 새로운 것에 대한 두려움을 보인다.

아이에 따라서는 밖에서 못했던 말을 집에서는 굉장히 수다스럽게 어머니한테 얘기하거나, 혼자 방에서 책을 읽거나 소꿉놀이를 할 때는 극히 정상적으로 말을 한다. 아이가 말을 할 수 있는 상대는 다양해서 가족 중에도 어머니 같은 특정인이나 몇몇 친한 친구에게만 하기도 한다. 대게 말을 하고, 말을 하지 않는 상황 간에 명백한 구분이 존재하는데, 예를 들어 어떤 아이는 마주 보고는 대화를 못해도 전화로는 오랫동안 통화를 하기도 한다.

수줍음이나 낯가림이 심해, 유치원이나 초등학교에 입학 한 후 선생님이나 주변 아이들과 말을 하지 않던 아이도 점차 새로운 환경에 적응하면서부터 말을 하게 된다. 그러나 6개월 이상 계속 말을 안 할 경우에는 학교 부적응과 학습장애를 예방하기 위해서라도 다음과 같은 방법으로 조기에 치료를 실시해야 한다.

첫째, 말하는 횟수가 늘어나면 상을 주는 보상의 방법을 사용하거나, 가장 친숙한 사람부터 그렇지 않은 사람으로 점차 대화의 상대를 확대해 나가는 체계적인 둔감행동 치료를 실시한다.

둘째, 처음에는 치료자와의 대화가 불가능하므로 놀이를 통해 아이가 갖고 있는 갈등을 자연스럽게 표출시키고 치료자와 가까운 관계를 형성하게 하는 놀이 치료, 가족 간의 감정적인 갈등을 해소하기 위한 가족 치료, 말하는 것 자체의 두려움을 감소시키는 약물 치료를 복합적으로 시행한다.

아이는 처음에 치료를 받는 것을 거부하고 부모 역시 치료가 진전되지 않으면 답답함을 느껴 조기에 치료를 중단하기 쉬우므로, 부모는 무엇보다 인내심을 갖고 지켜봐야 한다. 이 질환은 적어도 20회 이상 꾸준히 치료해야 효과를 볼 수 있다.

손가락을
빨아요

손가락을 빨거나 손톱을 물어뜯는 아이들이 있다. 이런 행동은 주로 유아기에 나타나는데, 3~4세까지도 지속된다. 그런데 그 정도가 심하거나, 손가락을 빨 나이가 지났는데 계속 한다면 문제가 있다.

초등학생이 돼서도 멍하니 혼자 손가락을 빠는 아이가 있는데, 어떤 충격적인 사건이나 스트레스를 겪은 후 이런 행동을 보인다. 어떤 아이는 손톱을 심하게 물어뜯는 통에 손톱깎이로 손톱을 깎아 본 적이 없다고 하며 고민하는 부모들도 있다.

이 행동을 고치려고 손가락에 쓴 약을 발라보고 야단을 쳐도 효과가 없다는 것이다.

손가락 빨기나 손톱을 물어뜯는 행동 자체는 그다지 심각한 문제는 아니다. 그러나 다른 아이들과 좀 더 활발하게 어울리지 못하고 혼자 떨어져 논다.

아이가 손가락을 빠는 것은 외롭다거나, 심심하다든지, 혹은 스트레스를 받아 일어나는 일종의 퇴행 현상이다. 곧 사람이 어떤 장애로 인해 욕구불만을 느끼면 자신의 신체를 자극하여 편안함과 안정감을 느끼려는 행동이다.

아이들은 잠잘 때 인형을 안고 자거나 어머니의 신체 일부를 만지며 자는 습관이 있다. 이는 자연스러운 본능으로 어머니가 없을 경우 대리만족으로 어머니를 상징하는 물건을 통해 마음의 안정감을 찾는 것이다.

손가락을 빠는 이유도 이런 관점에서 이해할 수 있다. 어머니를 대신해 자신의 손가락을 빨면서 만족을 느끼는 것이다. 단, 아이가 손톱을 깨무는 것과 손가락을 빠는 행동은 그 의미가 다르다. 손톱을 깨무는 것은 내면에 쌓여 있는 분노와 억눌린 공격성을 행동으로 나타내는 것이다.

이런 행동은 성격이 소심하고 겁이 많으며 자신감이 없을 때나, 아이가 주변 사람들의 관심을 받지 못하고 혼자 방치되어 있을 때, 부모에게 충분한 애정을 받지 못해 정서적으로 불안정할 때, 부모의 지나친 통제나 구속으로 스트레스를 받고 분노가 쌓여 있을 때 나타난다.

평소와 달리 갑자기 손가락을 빨 경우에는 일단 주변 환경의 변화에서 그 원인을 찾아봐야 한다. 아이가 학교생활에 적응하지 못해 심리적으로 부담을 갖고 있는 것은 아닌지, 혹은 동생이 생긴 후 어머니의 관심이 줄어들어 불안해하는 것은 아닌지 살펴본다. 어머니는 아이와 대화를 나누어 고민과 걱정을 들어주어야 한다. 어머니가 따뜻하게 안아주고 격려와 칭찬을 해주면 아이는 자신감을 되찾는다.

아이가 손톱을 물어뜯는 것은 마음속에 뭔가 불만이나 분노가 쌓여 있기 때문이다. 그 원인이 무엇인지 알아보고 해결해주거나 다른 방향으로 아이의 관심을 유도해주어야 한다. 불만을 적절히 발산할 수 있는 창구를 마련해주면 문제 행동도 자연히 사라지게 된다.

손가락을 빨거나 손톱을 깨무는 행동 자체는 건강상 문제가 없으므로 너무 심각하게 생각하고 아이가 그런 행동을 못하게 할 필요는 없다. 아이의 심리 상태가 불안하다는 것을 이해하고 원인을 파악하여 적절히 대처하는 것이 중요하다. 손가락 빨기 대신 아이의 관심을 끌기 위해 장난감이나 곰 인형, 혹은 애완용 강아지를 아이에게 선물하는 것도 좋은 방법이다.

외상을 입은 후
불안해해요

교통사고나 폭력, 화재, 다리 붕괴 등 끔찍한 사건을 직접 당하거나 목격하면 정신적으로 심한 충격을 받게 된다. 이런 외적 스트레스를 강하게 받은 후 정서적, 사회적으로 장애반응을 일으키는 것을 외상 후 스트레스 장애라고 한다.

아이에 따라 외상을 입은 후 반응이 다양하게 나타난다. 어른이 보기에는 엄청난 충격이었을 사건을 당한 후에 언제 그런 일이 있었냐는 듯 멀쩡한 아이가 있는가 하면, 어렸을 때 충격적인 사건을 겪은 후 그 기억 때문에 평생 괴로워하는 아이도 있다. 그런가 하면 그냥 넘어가도 될 만한 대수롭지 않은 사건을 어른들이 나서서 문제를 복잡하게 만들기도 한다.

외상 후 스트레스 장애는 교통사고나 심한 감정적 스트레스를 경험한 후 나타나는 증상이다. 정신적 충격이 컸던 사건의 경험뿐 아니라 아이의 연령이나 스트레스에 대처하는 능력, 가족이나 주변 사람들이 아이를 대하는 방법에 따라 그 증상이 매우 다양하게 나타난다.

첫째, 사건을 기억하고 악몽에 시달린다. 끔찍한 사건을 경험한 아이는 무심코 목격한 사건 당시의 가해자 얼굴이나 어떤 광경, 소리 등이 계속 머리에 떠올라 괴로워한다. 밤에는 사건과 연관된 악몽 때문에 잠을 제대로 못 잔다. 사건과 유사한 자극을 받으면 그때의 일이 떠올라 극심한 공포 상태에 빠진다. 예컨대, 화재 사건에서 참사를 당한 사람의 얼굴을 본 아이는 소방훈련 사이렌 소리만 들어도 극심한 공포를 느낄 수 있다. 아이들은 자기가 당한 경험을 반복적인 행동이나 놀이를 통해 표현하므로 이를 잘 지켜봐야 한다.

둘째, 자극을 회피한다. 아이는 충격적인 사건을 연상하게 만드는 상황이나 행동을 미리 피하려고 한다. 폭력적인 게임에 몰두하던 아이가 비슷한 폭력사건을 경험한 후 게임을 전혀 하지 않거나, 교통사고에 놀란 아이가 차 타기를 두려워한다. 만약 화재 현장에서 충격적인 장면을 봤다면 그 근처에 가지 않으려 하고, 불에 구운 고기를 안 먹으려 한다.

셋째, 지나칠 정도로 경계심이 생긴다. 도둑이나 강도가 집에 들어왔거나 성폭행을 당한 경험이 있는 아이는 작은 소리에도 깜짝 놀라고 짜증을 잘 내며, 낯선 사람을 경계한다. 특히 잠자기 전에 창문에 이상한 그림자가 어른거린다며 불안해하고 혼자 있기를 두려워한다. 심하게 놀란 경험이 있는 아이는 일반적으로 낯선 사람에 대해 공포 반응을 보인다.

넷째, 어떤 일에도 전혀 반응을 보이지 않는다. 매사에 흥미를 보이지 않으며 말이 없어지는 등 주변 자극에 전혀 반응을 보이지 않는다. 일상생활에 집중하지 못하고 평소 좋아하던 놀이나 학습에도 관심이 없어진다. 이런 경우 흔히 '넋이 나갔다.'라고 표현한다. 이외에도 정상적인 발달단계에서 퇴행하여 유아적인 행동을 하거나 항상 짜증을 내고 공격적 행동을 하기도 한다. 아이가 갑자기 이유 없이 불안해하거나 가슴이 답답하다는 등 신체적인 증상을 호소하면 정신적으로 충격을 받은 사건이 일어나지 않았는지 잘 살펴봐야 한다. 부모가 무조건 아이를 꾸중하거나 다그치면 오히려 아이는 말을 하지 않을 수 있으므로 부모가 조심스럽게 접근해야 한다.

조기에 발견하고 치료하면 아이는 쉽게 일상생활에 적응할 수 있다. 특히 가족들이 아이를 대할 때 주의해서 행동해야 한다. 아이에게 '사건이 일어난 건 너 때문이다'라는 식으로 몰아붙이거나 죄책감을 조장하지 말고 따뜻하게 대해야 한다. 사건의 옳고 그름을 가리거나 보상 문제에 너무 집착하면 아이의 치료에 소홀하게 된다. 뿐만 아니라 지나간 사건을 계속 생각나게 해 심각한 후유증을 초래하기도 한다.

치료는 아이의 증상에 따라 수면제나 항불안제, 항우울제 등을 투여하여 빠른 시간 내에 증상을 경감시키도록 한다. 또한 사고 당시에 아이가 어떤 감정을 느꼈는지에 대해 대화를 나누고 "넌 씩씩하게 행동했어, 다른 애들 같았으면 그렇게 못했을 거야."라고 말해준다.

아이가 자동차 사고에 놀랐을 경우 자동차 놀이를 같이 하며 공포를 경감시키는 놀이 치료를 하여 아이가 수동적으로 당한 경험을 능동적으로 전환시켜주도록 한다.

아이가 두려워서 자꾸 피하려고만 할 때에는 강도가 낮은 유사한 자극에 노출시켰다가 점차 강도를 높여 가는 행동 치료를 실시한다. 곧, 차에 대해 공포가 심한 아이는 '자동차 그림, 장난감 자동차, 실제 자동차'로 노출강도를 점차 높여 가도록 한다.

아이가
의기소침해 있어요

우울한 아이들

흔히 어른들은 아이들에게 우울증이 없을 것이라고 생각한다. 우울증은 양심에 대한 가책이나 죄책감, 폭력 등 부정적 감정을 밖으로 드러내지 않고 억압하여 자기 책임으로 돌린 결과로 나타나는 현상이다. 그런데 아직 양심이나 가치판단 기준이 성립되지 않은 아이들에게 무슨 우울증이 있겠냐는 것이다.

과연 아이들은 양심이나 죄책감 같은 개념이 없을까!

스피츠spitz는 고아원이나 아동보호소에서 자라는 아이들을 관찰한 결과 아이들도 우울증에 걸릴 수 있다는 사실을 밝혀냈다. 그는 어머니의 애정을 상실한 후 심리적 타격으로 인해 밥을 안 먹고 멍하게 앉아만 있는 2~3세 아이들은 모성에 대한 '의존성 우울'anaclitic depression이라고 했다.

실제로 많은 사례에서 아이들이 우울증으로 고통을 겪고 있다는 사실이 밝혀지고 있다. 아이들의 우울증은 어른과는 차이가 있다. 성인은 우울증에 빠지면 의욕을 상실한 채 절망감, 허무감, 죄책감 등에 사로잡힌다. 반면 아이들은 인지·사고 능력과 감정 발달이 미숙하여 다른 형태로 우울한 감정이 나타난다.

우울증은 전염된다

집안에 전염성 질환을 앓고 있는 환자가 잇으면 혹시 병이 옮지 않을까 온 가족이 전전긍긍하게 마련이다. 그렇다면 일반 질환처럼 정신 질환도 전염되는 것은 아닐까. 대답은 '그럴 수도 있다.'이다.

물론 일반 전염성 질환처럼 금세 전염되는 것은 아니지만 정신 질환은 다른 사람에게 부정적인 영향을 미친다. 함께 사는 가족은 자신도 모르는 사이에 서서히 영향을 받으면서 비슷한 증상을 보이게 된다.

특히 정신 질환 중에서 기분장애mood disorder 는 전염성이 매우 강하다. 집안을 이끌어 가는 아버지나 어머니의 기분에 따라 집안의 전체 분위기가 달라지게 마련이다. 부모가 위축되거나 가정에 침울한 분위기가 만연하면 성장기 아이들에게 영향을 주게 된다.

어머니가 우울하면 아이가 소심해진다

자식은 부모를 닮는다고 한다. 어머니와의 관계를 통해 아이는 대인 관계를 배우고 인격이 형성되기 때문이다. 어머니의 성격이나 인성이 아이의 성격에 많은 영향을 미치는 것이다.

예컨대, 어머니나 주변 사람들로부터 애정을 받지 못한 아이는 의기소침해진다. 어머니와 애착 형성에 장애를 겪을 뿐만 아니라, 정서적으로 자극을 받지 못해 언어나 지능, 신체 발달이 또래에 비해 늦다.

어머니들은 임신 중이나 출산 후에 정도의 차이는 있지만 대체로 우울증을 겪는다. 이것이 심하면 산후 우울증이 되는데, 모든 일에 의욕을 상실하여 가만히 누워 있으려고만 한다. 심지어 자식조차 귀찮아하고 부담스러워한다. 더 심해지면 아이가 없었으면 하는 상상을 하게 되고, 아이를 버리고 싶은 충동까지 생긴다.

산후 우울증의 원인에 대해 의사들은 주로 임신 및 출산기 동안의 호르몬 변화 때문으로 보기도 하지만, 여러 가지 심리적인 원인이 복합돼 나타난다고 한다.

첫째, 원하지 않는 아이를 낳았을 경우 불만을 갖게 된다. '이 아이만 아니면 인생을 새로 출발할 수 있을 텐데…….'하는 생각을 갖고 있어 출산이나 아이에 대해 무의식적으로 거부한다.

둘째, 태어난 아이가 잘못되지 않을까 하는 두려움이나 아이를 잘 키워야 한다는 부담감이 심하다.

셋째, 아이로 인해 개인적 욕심이나 자기 생활을 포기해야 할 경우 상실감을 느낀다.

넷째, 임신 및 출산으로 인해 몸매가 망가져서 우울해진다.

이와 같은 이유로 산후 우울증에 빠진 어머니들은 아이를 귀찮고 짐스럽게 여겨 방치하게 되며, 아이에 대해 소홀해질수록 죄책감을 느껴 증세가 더욱 악화된다.

이렇게 우울증에 걸린 어머니는 자신의 심리적 문제 때문에 아이를 제대로 보살펴주지 못한다. 아이가 미소를 짓거나 옹알이를 해도 응해주지 않거나 무덤덤하게 반응한다. 아이가 자라면서 점차 호기심이 많아져 이것저것 물어봐도 대답해주지 않고, 아이와 놀아주지 않는다. 때문에 아이는 다양한 경험을 하지 못하고 모든 면에서 뒤처지게 된다.

어머니에게 심리적으로 문제가 있으면 아이의 성장에 막대한 지장을 초래한다. 어머니가 아이와 정상적인 대화를 나누지 못하므로, 아이가 문제 행동을 해도 올바른 길로 이끌어주지 못한다. 아이가 잘못을 하면 타이르기보다는 짜증을 내고 극단적인 행동을 하기도 한다. 매를 들거나 심한 욕설을 퍼부어 아이의 마음에 상처를 주며, 무슨 일이든 "하지 마라"고 말하며 과잉 통제한다.

'문제 부모는 있어도 문제 아이는 없다.'는 말이 있다. 어머니가 정신적으로 밝고 건강해야 아이도 건강하다는 것은 당연한 이치이다. 물론 아버지의 역할도 중요하다. 남편으로서 아내의 정신적 지주 역할을 하며 누구보다도 아이에게 지대한 영향을 미치기 때문이다.

우울증이 심해지면 자살로 이어진다

자살이라는 극단적인 선택을 하는 아이들이 있다. 학교에서 도둑으로 몰렸거나 시험 성적을 비관하여, 혹은 어른의 꾸중을 견디지 못해 자살하는 것이다.

이런 청소년 자살에 대해 사람들은 '아이들은 너무 약하게 키워 그렇다, 입시 제도가 문제다, 학교 폭력 때문이다.'라는 진단을 내린다. 그러나 자살을 하는 이유는 표면에 드러난 것처럼 간단하지 않다. 이는 자살의 표면적인 이유일 뿐, 보다 복잡하고 심각한 심리적인 이유가 있다.

자살은 여러 가지 원인이 복합되어 나타나는 행동이다. 곧 아이가 자살하는 원인은 외부 스트레스에 대처하는 능력이 부족해서, 또는 충동적 성격이나, 아이가 속한 가정 분위기, 학교생활, 교우관계를 비롯해 넓게는 사회 제도나 사회 가치체계 문제가 복합적으로 작용한다.

문화정신의학자인 마가렛 밀러는 동서양의 문화를 비교하며 동양의 유교 문화권을 '부끄러움의 문화'로, 서양 문화권을 '죄의 문화'라고 구분했다.

'부끄러움 문화'란 삶의 가치 기준을 자신의 주관적 판단이나 가치가 아닌 남들이 생각하는 나, 곧 외부의 시선이나 견해, 체면을 중시하는 문화를 말한다.

이런 문화적인 영향 때문인지 우리나라 부모들은 아이에게 "창피해 못살겠다.", "남이 볼까 두렵다." "그러려면 차라리 나가라."고 하는 말을 쉽게 한다. 이런 말을 듣는 아이는 마음의 상처를 받고 우울증으로 빠져 결국 자살로 이어지게 된다.

이외에 아이들이 자살을 하게 되는 이유는 무엇일까.

첫째, 학교에 가면 끊임없이 돈을 요구하는 불량배들이 있고, 안 가면 부모에게 혼날 것이 두려운 상황에 처했을 때, 도저히 빠져나갈 수 없는 사면초가라고 판단되면 아이는 자살을 시도한다.

둘째, 자신의 죽음으로 주변 사람들에게 고통을 주려는 증오 내지 복수심에서 자살을 한다.

셋째, 자신의 요구가 좌절되었을 때 흥분하여 충동적으로 자살을 결행한다.

넷째, 자기의 능력이 부모나 자신의 기대치에 다다르지 못해 수치심을 느낄 때 이를 비관해 자살한다.

다섯째, 부모나 이성 친구 등 의존 대상을 상실했을 때 허무감과 무력감을 느껴 자살한다.

아이의 자살 심리는 어른과 다르다

어른들의 자살과 달리 아이들의 자살은 여러 가지 특징이 있다. 어른과 달리 아이는 자살을 짧은 시간 안에 결정한다. 이것은 영원히 돌이킬 수 없다는 죽음에 대한 개념이 약한 데다 아이들 특유의 충동적인 성향 때문이다. 예컨대, 약물을 다량 복용해 응급실에 실려 온 아이가 의식을 회복한 직후 언제 그랬냐는 듯 주변 사람들과 웃고 떠드는 것을 볼 수 있다.

특별히 자살하려는 마음이 없더라도 치명적인 자살 방법(빙초산, 농

약, 살충제, 추락 등)에 유혹되어 극적인 사고로 인한 죽음을 감행하기도 한다. 특히 여자아이들은 비슷한 또래 아이들과 집단 동반자살을 시도한다. 유명 연예인의 자살을 따라하는 모방자살도 시도한다.

아이들은 어른들보다 자살 빈도가 낮지만 죽음에 대해 깊이 고민 하지 않는다는 점에서 더 치명적이라고 할 수 있다.

아이의 자살을 막기 위해서 어른들은 아이를 대할 때 죽음을 연상하는 자극적인 말과 행동을 삼가해야 한다. 특히 아이가 일상적인 대화를 할 때나 일기장에 죽음에 관한 내용을 언급하는 경우 아이의 행동을 눈여겨봐야 한다. 아이가 자살 의도를 내비치는 것은 주변 사람들에게 구조의 신호를 보내는 것이다.

흔히 자살을 시도한 아이의 부모는 집안 문제가 노출되는 것을 꺼려 정신과 상담이나 심리치료를 거부한다. 이는 아이의 근본적인 문제를 방치하는 것으로 재발의 가능성이 있기 때문에 바람직하지 않다.

일단 아이가 자살의 징후를 보이거나 실제로 시도했을 경우, 마음속에 있는 갈등이나 고민들을 대화를 통해 알아봐야 한다. 아이가 어떤 입장에 처해 있고 무슨 문제로 괴로워하는지 부모가 이해해주어야 한다. 한 번 자살을 시도한 아이는 다시 시도할 가능성이 높으며, 가족 중에 자살한 사람이 있는 경우에도 조심해야 한다.

왜 이럴까요 --

소아 우울증은 우울한 감정을 숨기고 가면 속에 감정을 감춘다고 해서 '가면성 우울증'이라고 한다. 아이가 소아 우울증에 걸리는 원인은 매우 다양하다. 소아 우울증은 크게 외부의 환경 요인에 의한 외인성 우울증과 아이의 타고난 기질이나 성장 과정에서 형성된 성격에 의한 내인성 우울증으로 나누어진다. 그 원인으로는 부모나 가까웠던 주변 사람들과의 이별이나 죽임을 들 수 있다.

좌절을 겪으면서 매사에 부정적이고 자신감이 없으며 위축된 아이, 부모로부터 지나치게 통제를 받고 자라 규율과 도덕에 집착하는 아이는 모든 잘못을 자신의 탓으로 돌려 우울증에 빠지기 쉽다.

인간은 누구나 주기적으로 기분이 좋고 나쁠 때가 있다. 그런데 사람에 따라서는 우울한 감정이 남보다 지속되는 경우가 있다. 어머니가 우울증 환자이거나 가족 중 그러한 병력이 있는 집안의 아이가 우울증에 빠질 가능성이 높은데, 이러한 유전적 소인이 있는 아이가 주변 사람들의 죽음이나 전학과 같은 큰 변화를 겪으면 우울증이 나타날 수 있다.

이런 증상을 보여요 --

우울증에 걸린 아이는 어떤 행동을 할까. 평소에 아이와 충분히 대화를 나누고 다음의 증상들이 6개월 이상 지속되면 혹시 아이가 우울증에 빠진 것은 아닌지 의심해 봐야 한다.

1. 안절부절 못하고 평소와는 달리 사소한 일에 짜증을 내며 울음을 터트린다.

2. 특별한 병이 없는데도 자주 아프다고 한다.

3. 평소 온순한 아이가 난폭해져서 물건을 던지는가 하면 과격한 말을 한다.

4. 침통한 표정을 짓고 집밖에 잘 나가지 않으며 혼자 방에 있는다.

5. 말이 적어지고 평소 좋아하던 일에 흥미를 보이지 않는다.

6. 일기를 쓸 때나 친구와의 대화에서 죽음이나 외로움이라는 말을 사용한다.

7. 평소와 달리 사소한 실수에도 '미안하다', '죄송하다'는 말을 반복한다.

8. 집중을 잘 못하고 학습 능력이 떨어져 마치 바보가 되는 것 같다고 호소한다.

9. 식사를 거부하고 잠을 못 이루며 멍하니 앉아 있는다.

10. 우울증이 심해지면 "그것도 못하니?", "너 같은 놈은 이 세상에 필요 없어. 차라리 죽어라!" 따위의 환청을 듣거나 망상에 빠진다.

이렇게 치료하세요 --

우울증은 반드시 전문가의 도움이 필요한 질환이다. 아이는 어른과 달라서 감정을 정리하거나 조절할 수 있는 능력이 없다. 우울증에 빠진 아이가 평상시와 달리 짜증을 잘 내고 울거나 침울해지며, 성적이 떨어지더라도 꾸중하는 것을 자제해야 한다. 부모는 아이의 행동을 관찰하고 무슨 일로 마음에 상처를 입었는지 아이의 입장에서 이해하려고 노력해야 한다.

어른이 보기에 대수롭지 않은 일이 아이에게는 치명적인 마음의 상처가 될 수도 있다. 만약 아이가 계속 우울해하고 그 상태가 점점 심해지면 반드시 전문가를 찾아가 상담을 받아야 한다. 우울증이 심해지면 일상생활이나 학업에 지장이 생길 수 있고, 그 감정을 극복하지 못해 자살로 이어질 수 도 있으므로 적극 대처해야 한다.

전문가와 상담을 하고 심한 경우 입원 치료와 함께 항우울제를 투여하는 문제도 고려해봐야 한다.

특히 가족 중에 우울증 환자가 있는 경우 아이를 세심히 관찰해야 한다. 우울증을 일으킬 말한 뚜렷한 사건도 없었는데, 심한 우울증에 빠진 초등학생의 경우 성인에게 주로 나타나는 내인성 우울증이나 감정의 기복이 극심한 조울증의 전조일 수 있으므로 시간을 두고 경과를 살펴봐야 한다.

특정한 행동을
되풀이해요

잭 니컬슨의 열연으로 화가가 됐던 영화 '이보다 더 좋을 순 없다'를 기억할 것이다. 강박증에 걸린 주인공은 길을 걸을 때 다른 사람과 부딪히는 것을 피해 다니고 보도블록의 선을 밟지 않기 위해 몸을 이리저리 움직인다. 식당에서도 자신이 좋아하는 자리에 앉기 위해 다른 손님들을 쫓아내고 자신의 나이프와 포크를 꺼낸다. 집에 들어갈 때는 항상 문이 잠겼는지 5번씩 확인해야 안심을 한다. 이처럼 지나치게 청결하고, 매사에 준비성이 지나쳐 한 치의 실수나 오차도 용납하지 못하는 사람을 일컬어 강박증이라고 한다. 이런 사람은 책임감이 강하고 매사에 실수 없는 유능한 사람으로 인정받기도 하지만 강박적인 성격이 심하면 사소한 일에 매달려 큰일을 못하는 무능한 사람이 되기도 한다.

이 강박적인 성격이 심해 정신 질환인 강박장애가 되면 문제가 심각해진다. 자신의 의지와는 상관없이 어떤 특정한 생각이나 행동을 반복해 일상생활을 하는 데 지장을 초래한다.

　정상적인 어른이나 아이도 어느 정도 강박증을 갖고 있다. 예컨대, 특별한 숫자에 집착하거나, 인도를 걸을 때 흙을 피해 포장된 돌만 밟는 행동을 반복한다. 그런데 강박증이 심해 쓸데없는 일에 매달려 매사를 확인하고 점검하다 보면 공부에 신경을 쓰지 못해 성적이 떨어지고 일상생활에서도 자신감이 위축된다.

왜 이럴까요 --

　강박장애를 일으키는 원인은 의학적으로 명확하게 밝혀지지 않고 있다. 어떤 정신분석학자들은 성장 과정에서 부모가 엄격하게 통제를 한 것이 원인이라고 한다. 곧 아이의 내면에 형성된 초자아 superego 가 극대화돼 사소한 일에 죄책감을 느끼고 강박장애가 발생한다는 것이다. 그러나 실제 환자를 관찰해보면 이 학설로는 설명할 수 없는 부분이 있다.

　정상인이나 강박장애 환자 모두 긴장을 느끼면 이를 풀기 위해 나름대로 독특한 강박적 버릇이 나타난다. 이를 보고 어떤 학자들은 강박증역시 불안이 원인이라고 분석한다.

　최근에 밝혀진 뇌신경학 이론에 따르면 뇌신경 연결회로에 이상이 생겨서 마치 고장난 레코드판이 튀면서 같은 부분을 계속 연주하듯이 같은 생각이 계속 머릿속에서 맴돈다고 한다.

1. 청결행동

지나치게 청결을 의식한다. 혹시 독극물이나 병균에 오염되지 않았을까 두려움에 떨며 손을 계속 씻거나, 피부가 상할 정도로 목욕을 자주 한다. 지나칠 정도로 옷을 여러 번 갈아입고 항상 깔끔하게 청소한다. 오염될 만한 대상(대소변, 침)과 접촉을 피하려고 한다.

2. 반복적 행동

의미 없이 숫자를 세거나, 괜히 문을 여닫고 계단을 오르내리며, 책을 읽을 때 계속 같은 문구를 읽는다. 심각한 경우 한 발짝 걷고 하늘 보고, 세 발짝 걷고 왼쪽을 쳐다보는 등 독특한 버릇이나 행동을 보인다.

3. 확인하는 행동

방금 문을 잠그고 돌아서서 다시 잠겼는지 확인하는 행동을 반복한다. 강박장애아는 준비물이나 숙제를 계속 확인해야 안심한다. 아이는 자신의 생각이나 행동이 지나치다고 느끼기는 하지만 불안감과 의심을 떨쳐버릴 수 없어서 하던 일을 중단하고 확인해야 만족한다.

4. 반복되는 환상

자신의 의지와는 상관없이 여자의 나체 사진이나 누군가를 죽이는 장면, 다치는 장면이 계속 머리에 떠오른다. 끔찍한 재앙이 일어날지도 모른다는 쓸데없는 걱정을 하거나 성적·공격적 충동이나 환상, 특별한 단어나 소리가 계속 머릿속에 맴돌아 다른 생각을 할 수 없다.

강박장애는 아이들에게 흔한 질병이 아니므로 진단하는 데 어려움이 따른다. 아이의 경우 인지 발달이 완전히 이루어지지 않는 상태로 장애를 진단하기 힘들기 때문이다.

아이의 강박 행동은 부모가 유심히 관찰하지 않으면 놓치기 쉽다. 대부분 아이가 나쁜 버릇을 갖고 있다고만 생각하기 십상이다. 그러나 강박장애는 반드시 전문가와 상의하여 약물 치료 및 행동 치료를 병행해야 한다. 스트레스나 불안에 의해 생긴 일시적인 강박 증상은 정신과 상담을 통해 불안 경감이나 긴장 이완 요법으로 치료하면 되지만, 증세가 심한 만성적인 강박장애는 치료가 쉽지 않다.

1. 치유적 관계 형성을 통한 치유와 성숙

사람은 긍정적이든 부정적이든 가까이 있는 사람의 영향을 받는다. 아이의 증세를 치료하기 위해서는 먼저 부모나 형제들이 안아주고 다정하게 대해주며 수용해주는 관계로 변화되어야 한다.

곧 건강한 대상관계object relations를 통하여 좋은 대상 이미지들이 나쁜 대상 이미지들을 몰아내는 과정을 거쳐야 한다. 아이가 점차 성숙해지면서 자기 내면세계의 정서적 질서를 회복하도록 도와주어야 한다. 정서적 · 감정적 혼란을 겪는 아이에게 사랑받고 인정받고 있다는 안정감을 주어야 하는 것이다.

강박장애를 가진 아동에게 '품어주는 환경'holding environment은 매우 중요하다. 가정에서 지속적이고 일관성 있게 수용해주어야 한다. 가족 공동체나 사회 공동체가 아이를 안아주고 품어주고 공감해주면 아이는 변화할 수 있다. 유아기에 옹알이를 들어주는 것은 아이에게 자기를 발현시킬 수 있는 정서적 울타리를 제공해 안정감을 주는 역할을 한다.

2. 언어를 통한 치료

강박장애아는 가족상담 전문기관에서 개인상담과 집단상담을 통해 인격발달을 촉진시켜야 한다.

첫째, 자기감정 재해석 혹은 '재 명명'reframing, renaming, 곧 자신의 부정적 감정 및 상처를 재해석하여 자신을 다시 볼 수 있도록 한다. 아이에게 사람은 누구나 실수할 수 있고 부모도 마찬가지라는 점을 이해시키고 부모 역시 자신이 완벽하지 않음을 인식해야 한다.

둘째, 아이가 삶을 현실적으로 수용할 수 있도록 도와준다. 사회구조가 상처받을 수도 상처 줄 수도 있는 불완전한 세상임을 인식시키고 어려운 일을 피하지 않고 모험을 시도하게 한다. 그러기 위해서는 아이가 언제나 긍정적으로 생각하도록 도와주자. 곧 나도 옳을 수 있고 너도 옳을 수 있다는 것을 알려준다. 누구에게나, 특히 가족들에게 자신을 개방하도록 가르친다. 가족이 강박장애를 갖고 있는 아이에게 치유적 공동체가 되도록 서로 대화를 나누는 것이 바람직하다.

3. 정신과 치료

장애가 나아지지 않고 지속될 때는 정신과 의사의 도움을 받아야 한다.

학교 가기 싫으면
아프다고 해요

아이가 배나 머리가 아프다거나 가슴이 답답해 숨쉬기가 힘들다, 또는 손발이 저리고 마비가 온다, 목에 뭐가 걸린 것 같고 목소리가 안 나온다고 하면 어머니는 아이를 데리고 소아과를 방문해 이것저것 검사해본다. 그런데 검사 결과 뚜렷한 질병이 없을 때가 종종 있다.

아이들을 유심히 관찰해 보면, 학교 가기 전에 혹은 하기 싫은 피아노를 치라고 시킬 때 이런 증상이 나타나는 것을 알 수 있다. 또 재미있는 놀이를 하면 언제 그랬냐는 듯 잘 논다. 그런데 이런 증상들이 계속되고 만성화돼 자주 학교를 결석하게 되면 소아과를 거쳐 소아정신과까지 가게 된다.

아이에게 이런 증상이 나타나는 이유는 무엇일까. 전환장애, 히스테리성 마비, 심인성 신체질환 등으로 불리는 잘 알려지지 않은 생소한 질병 때문이다.

아이가 갖고 있는 정신적 문제가 신체 증상으로 바뀌어 나타나는 질병이 바로 전환장애이다. 그렇다고 이것이 꾀병인가 하면 꼭 그렇지는 않다. 꾀병은 아이가 실제로 아픈 곳이 없는데도 의도적으로 아픈 척하는 것인 반면 전환장애는 무의식적으로 갈등이 신체적으로 표출된 것이기 때문에 꾀병과는 달리 실제로 신체적 고통을 느낀다. 아이가 의도적으로 아프다는 핑계를 대는 것은 아니다. 다음과 같은 이유로 자신도 모르게 지절도 아프다고 말하게 된다.

1. 도피 심리

학교에 가기 싫을 때 머리가 아프다고 하거나, 피아노를 치기 싫을 때 손이 마비되기도 한다. 곧 아이의 내면에는 해야 할 일이 부담스러워 벗어나려는 심리가 있다.

2. 관심 끌기

아이는 동생이 아플 때 어머니가 옆에서 간호하는 것을 보고 부러워하며 질투를 느낀다. 자기도 아프다고 말해 부모의 관심과 사랑을 끌려는 무의식적 동기가 있을 수 있다. 아이가 어머니의 관심을 끌 수 있는 가장 손쉬운 방법은 아프다고 엄살을 부리는 것이다.

3. 신체적 표현

자신의 감정이나 마음을 표현하기 위해 아픔을 호소하기도 한다. 표현력이 부족한 아이가 일상생활에서 일어나는 공포감이나 불안감을 제대로 표현하지 못하고 안타까워하다가 가슴이 답답하거나 머리가 아프다는 신체 증상으로 불편함을 드러내는 것이다.

4. 부모의 영향

전환장애가 있는 부모는 아이에게 부정적인 영향을 미친다. 부모가 자주 머리가 아프기 때문에 아이가 조금만 이상해도 "너 혹시 머리 아픈 거 아니니?" 하고 반복해서 질문한다. 아이는 뭔가 기분 나쁘고 마음대로 안 될 때 습관적으로 머리가 아프다는 호소를 하게 된다.

이런 증상을 보여요 ---

전환장애아는 다음과 같은 통증이나 마비 증상을 겪는다.

첫째, 상황에 따라 증상이 정반대로 달라진다. 예를 들면, 피아노를 치기 전이나 미술학원에 가기 전에 갑자기 팔다리가 아프다고 한다. 아이는 공을 던지고 뛰는 놀이를 할 때는 잘하다가 자신이 하기 싫은 일을 할 때는 신체적 불편함을 느낀다. 신체적으로 문제가 있는 아이라면 운동할 때 아픔이나 불편함을 호소하는 데 비해 전환장애아는 정반대 현상을 보이는 것이다.

둘째, 아이는 자신의 신체적 통증이나 마비에 대해 별로 걱정하지 않는다. 이를 전문용어로 '증상에 대한 무관심'이라고 한다.

셋째, 전환장애아는 자신의 신체적 증상을 통해 얻을 수 있는 이득에 민감하다. 이를 전문용어로 병에 걸림으로 얻는 '이차 이득'secondary gain이라고 한다. 병에 걸리면 주변 사람들로부터 관심을 끌 수 있어서 욕구가 충족되며 해야 할 일을 안 해도 된다는 것이 이차 이득이다.

이렇게 치료하세요 ---

아이가 자주 가슴이 답답하고 머리가 아프다고 하면 소아정신과에서 상담을 받아봐야 한다. 상담 결과 신체 질환이 아니라는 진단이 내려져도 안심할 수 없다.

아이가 이런 신체적 증상을 호소하는 이유에 숨어 있는 내적 동기를 파악해야 한다. 학교생활이나 교우관계에 문제는 없는지 충분한 대화를 통해 아이의 마음을 이해해야 한다. 때로는 어머니가 아이가 아프다는 호소에 무관심하게 대처해야 한다. 어떤 일을 하기 싫을 때 어머니에게 아프다고 호소해도 소용없다는 것을 아이에게 인식시키고 나쁜 습관을 고쳐주어야 한다.

경기를
일으켜요

아이가 크게 놀란 일이 있었거나 고열·급체 등으로 몸이 안 좋을 때 경기驚起를 일으키는 경우가 있다. 이렇게 아동기에 일으키는 경기나 간질, 발작 등을 경련성 장애라고 한다. 이것은 두통이나 구토, 복통 등과 마찬가지로 다양한 원인에 의해 생기는 하나의 증상으로 특정한 병은 아니다. 경련이란 순간적으로 뇌의 한 부위에서 이상전류가 발생해 생기는 현상인데, 심한 경우에는 순식간에 뇌 전체로 이상 전류가 퍼져 일시적으로 뇌 기능이 마비되기도 한다. 멀쩡하던 아이가 갑자기 정신을 잃고 쓰러져 사지를 뒤트는 것도 이 때문이다.

간질의 역사는 매우 오래되었다. 고대 바빌로니아의 문헌에는 간질 증상에 대한 기록이 남아 있다. 그리스의 의학자 히포크라테스도 간질을 뇌 질환으로 보아 상세히 기록해놓았다. 간질은 역사가 오래된 만큼 주변에서 흔히 볼 수 있는 증상이다. 일반인의 0.5~1퍼센트가 간질의 증세를 나타낸다. 인류 역사에 큰 발자취를 남긴 카이사르 시저나 《죄와 벌》을 쓴 작가 도스토예프스키도 간질 때문에 고생한 것으로 알려져 있다. 그러나 대부분의 사람들은 아직 간질이 신의 저주라거나 천벌을 받은 것으로 잘못 생각하는 경향이 있다. 사람들은 간질을 불치병으로 여겨 치료를 아예 포기하거나 유전 질환이라고 생각해 결혼을 망설이는 등 편견과 오해를 갖고 있다,

뚜렷한 증상을 나타내는 발작과 달리 가벼운 증상만 보이는 간질은 일반인들이 쉽게 판단할 수가 없다. 뇌의 이상 전류가 뇌 전체로 퍼지지 않고 한 부분에만 그칠 경우에는 경미한 신체 감각 이상이나 마비가 일어나고, 의식이 혼미해지거나 자율신경계의 이상 증상이 나타나기 때문에 전문의가 아니면 쉽게 발견하기 어렵다. 특히 인간의 감정과 정서를 주관하는 뇌의 측두엽에 이상전류가 발생하여 생기는 측두엽 간질의 경우에는 환청이나 환시가 동반돼 정신분열증과 유사한 증상을 보이기 때문에 전문가들도 오진하는 경우가 종종 있다.

왜 이럴까요 --

뇌의 이상전류 발생은 손상된 뇌 세포 때문에 생긴다. 뇌 손상은 임신 중이나 출산 시, 혹은 성장 과정에서 뇌를 다쳐 생길 수 있고, 뇌막염이나 뇌염, 기생충 감염, 뇌혈관 질환, 연탄가스 중독으로 인한 저산소증, 저혈당 등의 대사장애, 뇌종양 등 뇌 세포에 손상을 가져오는 모든 질환 등에서 일어날 수 있다. 그러나 이런 경우 뇌 검사를 해도 간질

을 유발하는 원인을 발견하기는 힘들다. 뇌 세포의 손상이 현미경으로만 찾을 수 있을 정도로 미세하기 때문이다. 그런가 하면 간질을 유발할 만한 뚜렷한 동기나 원인을 찾을 수 없는 경우가 있는데, 이를 원발성 간질이라고 한다. 대개 어렸을 때부터 간질 증세를 보였던 환자로 굳이 원인을 밝히자면 체질적으로 간질에 약하거나 자기도 모르는 사이 뇌에 미세한 손상을 입었을 가능성이 있다. 이런 경우 한 달에 1~2회 겪는 간질 증상 외에 다른 증상은 거의 없다. 이에 비해 뇌종양이나 기생충 감염, 뇌출혈과 같은 질병으로 인해 생긴 간질은 2차성 간질이라고 하며, 어느 정도 나이 든 후에 간질이 생기기 시작하여 다른 증상들을 동반한다. 간질 증상은 뇌에 어떤 질병이 시작되고 있음을 알려주는 신호등 역할을 한다.

이런 증상을 보여요 -------------------------------------

처음 뇌의 국소 부위에서 이상전류가 발생하면 증상이 나타나기 전 예측할 수 있는 전구 증상Aura이 나타나기 시작한다. 전구 증상은 뇌의 어느 부위에서 이상전류가 발생하느냐에 따라 매우 다양한 형태로 나타난다. 운동 기능을 관장하는 뇌의 부위에서 이상전류가 발생하면 손발이 저리는 마비가 올 수 있고, 감각 기능을 관장하는 뇌의 부위에서 이상전류가 발생하면 이상한 불빛이 눈에 보인다거나, 이상한 냄새가 나고, 손발에 전류가 통한 듯 찌릿찌릿하며 상복부에 이상 감각이 느껴진다. 환자 중에는 발작이 있기 전에 이런 전구 증상을 느껴 간질 발생을 미리 감지하는 경우도 있다. 전구 증상이 나타난 후 이상전류가 뇌 전체로 퍼지기 시작하면 의식을 잃고 쓰러지거나 사지가 뒤틀리고 눈이 돌아가며 온몸이 몇 초 동안 순간적으로 뻣뻣해지고 몸을 떤다. 이때 쓰러지면서 다칠 수도 있고 혀를 깨물거나 침을 흘린다. 호흡이 일시 정지되어 호흡곤란을 겪기도 한다.

경련이 끝난 간질 환자는 몇 분간 깊은 잠에 빠져 있다가 점차 회복되는데 대개 심한 두통을 호소하며 사지가 마비되는 느낌을 받는다. 간질 환자는 자신의 발작 사실을 전혀 기억하지 못한다. 단지 얼굴에 침이 묻어 있거나 입술이 터져 있고, 옷 매무새가 흐트러져 있다는 정도만 알 뿐이다. 막연히 자신에게 무슨 일이 벌어졌었구나 하는 정도 밖에는 모른다.

이렇듯 간질 발작의 전형적인 경과를 밟는 경우를 대발작이라 한다. 반면 의식이 순간적으로 없어져 잠깐씩 조는 것처럼 보이는 발작을 소발작이라 하는데 흔히 아이들에게서 볼 수 있다. 그런가 하면 의식 소실까지 진행되지 않고 중간에 멈추는 발작을 국소발작이라고 한다. 따라서 순간적인 이상 운동이나 이상 감각을 느끼며 두통을 수반하는 증상을 겪으면 혹시 국소발작이 아닌가 의심해봐야 한다.

간질을 진단할 때는 간질을 목격한 주변 사람들의 얘기와 환자 자신이 호소하는 증상을 잘 들어봐야 한다. 간질과 유사한 히스테리성 발작도 있다. 히스테리성 발작은 여러 사람 앞에서만 증상이 나타난다. 환자는 발작 중에도 어느 정도 의식이 있기 때문에 간질 환자와 같이 발작 중 몸을 부딪쳐 다치는 경우는 없다. 옆에서 보기에는 정신을 잃은 것처럼 보이지만 환자는 주변 상황에 대해 어렴풋하게나마 기억하고 있다. 히스테리성 발작은 일정한 형태가 없고 몇 시간 내지 며칠 동안 계속 경련을 일으키기도 한다. 간질 증상을 보일 경우 뇌파 검사, 뇌 단층 촬영, 뇌 기생충 검사, 뇌혈관 조영 검사 등을 하고, 뇌에 어떤 질병이 있어 간질을 유발했는지 확인해야 한다.

이렇게 치료하세요

검사상 특이 소견이 없으면 항경련제를 투여하여 치료하면 되지만 기존 질병이 발견되면 그것을 먼저 치료해야 한다. 대체로 간질 발작은 며칠에 한 번씩 자주 일어나는 경우나 1년에 한두 번 몹시 피로하거나 잠을 못 잔 경우에 일어난다. 약 80퍼센트의 환자는 항경련제 투여로 효과가 있지만 심한 경우 이 약물로는 치료가 힘들다. 최근에는 이상전류가 뇌의 특정 부위에 국한되어 발생하는 것이 확인될 경우 그 부위를 수술로 제거하는 방법도 시도되고 있다. 간질을 치료하는 데는 주기적으로 항경련제를 복용하고 규칙적인 일상생활을 하는 것이 중요하다. 뇌의 이상전류는 생체 리듬이 깨질 때 주로 발생하기 때문이다. 규칙적인 식사나 수면을 취하도록 노력하고, 과음이나 과로를 피하고 사춘기 여학생들의 경우 월경기에는 생체 리듬이 깨지기 때문에 각별히 조심해야 한다. 또한 불빛이나 특정한 소리, 감정적 흥분 등 특별한 자극으로 인한 간질의 경우 자극을 피하는 것이 중요하다. 환자에 따라 이런 자극에 대해 반응이 일어난다는 것을 스스로 경험적으로 알고 있는 경우도 있다.

잠자리에
오줌을 싸요

세 살이 넘었는데도 잠자리에 오줌을 싸는 야뇨증, 갑자기 깨어나 공포에 질려 방안을 왔다 갔다 하는 야경증, 갑자기 일어나 멍한 상태로 집안을 배회하는 몽유병에 걸린 아이들은 수면장애에 시달리게 된다. 아이들은 악몽을 꾸거나 잠을 자면 낮에 있었던 일을 혼자 중얼거리기도 한다.

이런 증세는 심각한 병이 아니라 대개 일시적인 현상이며 자라면서 점차 나아진다. 그러나 이런 증상이 오랫동안 계속되거나 심하면 아이는 물론 가족 전체가 고통을 받을 수 있으므로 소아정신과 전문의와 상담하는 것이 좋다.

2~3세가 되면 정상적으로 변기에 배뇨하는 것을 알고 조절할 수 있게 된다. 그런데 5세가 넘어도 소변을 가리지 못하는 아이가 있다. 이것을 야뇨증이라고 한다. 야뇨증은 일차적 야뇨증과 이차적 야뇨증으로 구분할 수 있다. 일차적 야뇨증이란 태어나서 한 번도 소변을 가리지 못한 경우, 이차적 야뇨증은 1년 이상 소변을 가리다가 어느 순간부터 다시 야뇨 증세를 보이는 경우이다. 이차적 야뇨증은 아이가 정서적으로 불안을 느꼈을 때, 곧 동생이 태어난 후나 학교에 입학하면서, 혹은 어머니와 잠시 떨어진 후부터 이러한 증세가 나타난다.

야뇨증의 원인에 대해서는 방광에 오줌이 차면 정상적으로 방광 근육의 팽창이 일어나야 하는데 그렇지 못해 생기는 것으로 보는 이론과 정상적으로 밤에 분비되어야 하는 항이뇨 호르몬 분비가 결핍되었기 때문이라는 이론이 있다. 혹은 소변 욕구가 있을 때 잠에서 깨어나는 게 정상인데 잠이 깊이 들어 그렇지 못한 것이 원인이라는 이론도 있다. 야뇨증을 보이는 아이들의 75퍼센트가 가족 내에 야뇨증이 있는 것으로 밝혀져 유전적 요인 때문이라는 이론도 있으며 부모에게 말하지 못했던 불만과 스트레스를 풀기 위해서라는 이론도 있다.

미국의 통계에 따르면 만 5세가 되었을 때 7퍼센트의 남아와 3퍼센트의 여아에서 야뇨증이 발견된다. 특별히 치료하지 않아도 자연스럽게 증상이 없어지지만 10세가 넘어서도 3퍼센트의 남아와 2퍼센트의 여아에서, 18세 이후엔 약 1퍼센트의 남아에서 야뇨증이 나타난다고 한다. 대개 주 1회 이상 밤에 배뇨 실수를 할 때 야뇨증이라고 하는데, 심할 경우 매일 실수를 하거나 심지어 낮잠을 잘 때에도 오줌을 지린다.

야뇨증이 계속되면 부모의 염려와 꾸중을 듣게 되고 아이는 자신감을 잃게 된다. 수학여행 등 친구들과 같이 잠을 자야 하는 단체 활동도 피하게 되므로 친구들과 멀어지게 되고 소극적이고 의존적인 성격이 된다. 야뇨증은 일찍 치료할수록 아이의 정서 발달에 긍정적인 영향을 미치게 된다.

이렇게 치료하세요 --

옛날에는 아이가 잠자리에 오줌을 싸면, 어머니가 아침에 아이의 머리에 키를 씌워 이웃집에 소금을 얻으러 보내곤 했다. 아이에게 수치심을 느끼게 해서 야뇨증을 고치려는 의도였으나 아이는 놀림을 당하고 스트레스만 받을 뿐이다.

야뇨증으로 고생하는 아이에게 스트레스를 주는 것은 금물이다.

"네가 일부러 하는 행동은 아니지? 어쩔 수 없이 실수한 거니까 너무 자책하지 마라. 이런 문제로 병원을 찾는 아이들이 많단다."

부모나 의사가 따뜻하게 위로해주면 아이는 수치심과 열등감에서 벗어날 수 있다. 이것이 바로 치료의 시작이다.

야뇨증을 치료하는 데는 약물 요법이 가장 효과적이다. 아이가 잠들기 전에 항우울제를 복용하거나 항이뇨 호르몬제 계통의 약물을 코에 뿌리는 방법이 있다. 단기간 동안 약물 치료를 하고 오줌을 가린 날을 달력에 스티커를 붙여주며 아이로 하여금 자신감을 갖게 한다. 스티커가 모이면 아이가 평소에 갖고 싶어 했던 것을 사주거나 아이의 요구 사항을 들어준다. 긍정적인 방법을 통해 아이가 소변 문제에 관심을 갖고 스스로 문제를 해결하도록 훈련시키는 것이다. 부모는 저녁식사 후에 아이가 물이나 음료수를 마시는 것을 제한하고 자기 전에 꼭 화장실을 가도록 한다. 잘 때는 일정한 시간에 깨워 소변을 볼 수 있도록 도와준다. 그래도 상태가 나아지지 않을 때는 전문가와 상담해야 한다.

아이에게 특수한 기계로 만든 기저귀를 채우는 방법도 있다. 아이가 소변을 보려는 순간 바로 경보가 울려 아이가 스스로 소변을 가리도록 만든 특수기계bell and pad를 사용하는 것이다. 그러나 이 기계는 자주 고장 나고, 주변 사람들이 경보음 때문에 잠을 자는 데 방해를 받을 수 있으며 무엇보다도 아이가 작동 스위치를 꺼버리면 아무 소용이 없다는 점이 문제이다. 하지만 적절하게 활용하면 좋은 효과를 거둘 수 있는 장치이다.

말을
더듬어요

텔레비전에 나오는 개그맨들은 입에 엔진을 단 것처럼 쉬지 않고 속 사포처럼 말을 해 사람들을 웃긴다. 그런데 누구나 그렇게 말을 잘 하는 것은 아니다. 머리에 떠오른 생각을 표현하려다 말문이 막히거나 더듬었던 경험이 한 번쯤은 있을 것이다. 대부분의 사람들은 긴장된 순간에 말을 더듬게 된다. 특히 생각이 미처 정리되지 않은 상태에서 이야기를 하다 보면 말을 더듬거나 대화 중에 '음, 아, 예' 등 불필요한 소리를 하는 경우가 있다.

2~6세의 아이는 한참 언어를 배우는 단계이기 때문에 머릿속에 떠오르는 생각들을 어른처럼 조리 있게 표현하지 못한다. 어떤 아이들은 그 증세가 다른 아이들보다 특히 심해서, 평생 말을 더듬는 것은 아닌가 하고 부모들이 걱정을 하게 된다. 더욱이 부모 자신이 말을 더듬거나 주위에서 그러한 사람은 본 경우 불안은 더욱 커진다. 빨리 나쁜 습

관을 고치려고 아이를 훈계하고 다그치면 증상을 오히려 악화시키게 된다.

대개 말더듬증은 아동기에 시작되는데 이 증상을 보이는 아이 중 50~80퍼센트가 자연적으로 사라진다. 이 증상을 보인 아이들의 1퍼센트는 청소년이 돼서도 말을 더듬게 된다. 여아보다 남아에게서 3~4배 더 많이 발견되는 것으로 보고되고 있다. 이 증상이 만성화되어 사춘기까지 계속되면 심각한 문제를 일으킬 수도 있다. 곧 남 앞에서 말하는 것이 두려워져 대인관계에 어려움을 겪고 학교 성적도 뒤쳐지게 된다. 사회활동을 하거나 직업을 선택할 때 문제가 된다.

왜 이럴까요 --

말더듬 증상이 일어나는 원인에 대해서는 아이의 불안한 심리와 관련이 있을 것이라는 정도만 알려졌을 뿐 확실하게 원인이 밝혀지지는 않았다. 말더듬증은 몇 주일이나 몇 개월에 걸쳐 서서히 나타난다. 흔히 부모들은 아이가 어떤 일로 놀라고 나서, 혹은 말을 더듬는 주변 사람들의 흉내를 내다가 갑자기 말을 더듬게 되는 것으로 알고 있는데, 실제 연구에 따르면 그런 경우는 증상이 일시적으로만 나타난다. 유전적 요소를 원인으로 보기도 하지만 큰 영향을 미치지 않는 것으로 알려져 있다.

아이는 혼자서 책을 읽거나 인형이나 동물과 얘기할 때는 유창하게 말하다가도 사람과 대화할 때는 긴장하여 말을 더듬는다. 대부분의 아이는 언어 능력이 발달하면서 자연스럽게 증상이 사라진다. 그러나 언어 발달이 미숙한 아동기 때 말을 더듬는 아이가 주위 여건에 따라 말을 하는데 긴장과 부담을 느낄 경우, 더욱 말더듬증이 악화되고 만성적으로 습관화된다.

이런 증상을 보여요 ---

말더듬증은 소리 반복과 모음 삽입, 소리 연장 이렇게 세 가지로 나눠볼 수 있다.

첫째, 소리 반복 증상은 4~5세의 아이가 어떤 이야기를 할 때 "그래서……", "그런데……"를 되풀이하는 것으로 엄밀한 의미에서 말더듬증은 아니다. 아이가 머리에 떠오른 생각을 표현할 때 알맞은 단어를 생각해 내느라 소리를 반복해서 내는 현상일 뿐이다. 하지만 강아지를 '강-아-아-아-아-지'라고 말하며 낱말의 일부분을 반복할 경우에는 아이의 언어 습관을 살펴봐야 한다.

둘째, 모음 삽입 증상은 '이'나 '어'와 같은 모음을 반복 삽입하는 것으로, 만약 아이가 강아지를 '강-아-아-아-아-지'로 말한다면 크게 걱정하지 않아도 되지만 '기-기-거-강-강아지'와 같이 모음을 반복 삽입하여 말할 경우에는 문제가 된다.

셋째, 소리 연장 증상은 낱말의 첫소리 일부를 길게 늘이는 것이다. 예를 들면, 말 소리 하는 단어를 '음-ㅁ-ㅁ-ㅁ-'같이 첫소리를 길게 말하는데 이렇게 소리를 연장하는 습관도 주의 깊게 관찰해야 한다.

이런 증상들은 누구에게나 나타날 수 있지만 의사소통에 문제가 있을 정도라면 언어치료자나 특수교육자와 상담해봐야 한다. 이외에도 아이가 말이 막힐 때 긴장하여 입과 턱 부근의 근육이 떨리는지, 대화에 공포를 느껴 피하는지 등을 살펴봐야 한다. 이러한 불안 증상을 보이면 말더듬으로 인한 이차적 문제가 생길 수 있으므로 전문가의 도움을 받아야 한다.

이렇게 치료하세요 -

부모가 말더듬증을 단순히 나쁜 버릇으로 생각하거나 아이가 일부러 고집을 부려 말더듬증이 생겼다고 잘못 이해하여 "천천히, 똑똑히 말해봐!", "다시 말해봐!"하면서 윽박지르면 아이의 증세는 더욱 심각해진다. 말더듬증 아이를 도와주는 방법은 말을 더듬더라도 그것에 대해 전혀 부담을 주지 않고, 아이를 관찰하는 것이다. 아이가 스트레스를 받고 있는지, 아이가 무엇 때문에 긴장하는지 살펴보도록 한다.

가정에서 말더듬증 아이를 다루는 방법은 다음과 같다.

첫째, 부모가 아이에게 천천히 말해야 한다. 아이에게 천천히 혹은 빨리 말하라고 강요하기보다는 부모가 먼저 자신이 말하는 속도가 어느 정도인지를 파악해야 한다. 아이의 말이 너무 빠르다고 생각되면 아이에게 천천히 말하라고 하기 전에 부모가 먼저 천천히 얘기하는 것이 효과적이다. 하루에 5분씩이라도 어머니가 천천히 말하는 연습을 해야 한다.

둘째, 부모가 불안해하지 말고 아이에게 여유 있는 태도를 보여야 한다. 혹시 우리 아이가 평생 말을 더듬지는 않을까 하는 불안감이나 왜 우리 아이만 이럴까하는 분노를 드러내면 아이는 어떻게든 말하는 기회를 피하려고 하게 된다. 부모들은 참을성 있게 충분한 시간을 가지고 지켜봐야 한다. 내 아이는 지금 최선을 다하고 있다는 사실을 상기하고 아이가 말하는 것을 힘들어할 때에는 자연스럽게 상황을 헤쳐 나올 수 있도록 도와주어야 한다. 아이에게 심리적 부담을 주지 않는 것이 최선의 치료책이다.

셋째, 아이가 말더듬이라고 지레짐작하지 않는다. 말더듬증에 관한 유력한 이론에 따르면, 말더듬증은 주변 사람들이 정상적으로 여기는 상태를 자기만 비정상으로 여겨 과잉 반응하기 때문에 증상이 더욱 악화된다고 한다. 아이는 말이 막히는 것을 자기 나름대로 극복하려고 안간힘을 쓰다가 증세가 악화된다는 것이다. 아이가 정상인지 아닌지를 구분하기 어려운 상황에서 부모나 주변 사람들이 쉽게 말더듬이라고 말하면 아이는 불안해한다. 아이가 말더듬증이 있을 때 이것에 대해 말하는 것을 일부러 피한다면 아이의 불안감을 덜어주기는커녕 오히려 말더듬이는 굉장히 나쁜 것이라는 오해를 갖게 해 아이가 더욱 위축될 우려가 있다.

넷째, 아이가 불안감을 자연스럽게 표현할 수 있도록 유도해야 한다. 아이가 겪는 어려움을 혼자서 고민하는 경우 말에 대한 공포심과 열등감에 빠질 우려가 있으므로 주변 사람들에게 터놓고 자신의 어려움을 이야기하도록 유도하면 아이의 부담이 훨씬 줄어든다.

다섯째, 아이가 말을 더듬어 힘들어할 때도 평상시와 다름없는 태도로 대하는 것이 가장 좋다. 때로 아이가 너무 힘들어하면 "누구나 말이 쉽게 나오지 않을 때가 있단다. 엄마도 어렸을 때 그런 적이 있거든." 라고 하면서 아이를 안심시킨다. 아이가 말을 더듬는 것을 들을 때는 웃지 말고 자연스럽게 넘기며 아이가 불안감이나 좌절감을 느끼지 않도록 배려한다.

아이는 말더듬증이 있을 경우 스트레스를 받는다. 아이의 성격이 소극적이거나 공격적이 되어 마음 깊은 곳에 자신과 주변 사람들에 대한 분노가 쌓일 수 있다. 정도가 심해지면 사회생활도 원만하게 하지 못해 모든 일의 처리를 어머니에게 미루는 의존적 성격이 되기도 한다. 아이가 밝고 자신감 있게 성장하기 위해서는 주변 사람들이 도와주어야 한다. 증상이 심하면 소아정신과 전문의나 언어치료자 등 전문가들에게 상담받는 것이 좋다.

자녀교육 10계명- 이면우 교수

1. 자녀를 깍듯이 예우하라.

2. 고집 센 자녀를 지원하라.

3. 칭찬을 해도 남과 비교하지 마라.

4. 큰일에 실패한 자녀를 격려하라.

5. 선택의 자유를 반복 훈련하라.

6. 사람이 주는 상을 탐내지 마라.

7. 가장 중요한 것은 창의성이다.

8. 외로움을 극복하도록 가르쳐라.

9. 전문가가 되도록 당부하라.

10. 최후의 안식처가 되라.

우리 아이가
이 럴 땐
어떻게 할까요

마음이 건강한
아이로 키우자

5장

구김살 없는
아이로 키우자

거짓말을
해요

숙제를 하지 않고 신나게 놀다가 어머니에게는 숙제를 다했다고 하고, 집에 있는 돈으로 장난감을 사고 친구가 줬다고 말하는 아이가 있다. 아이는 쉽게 드러나는 거짓말인데 이런 행동을 계속한다. 사실대로 말하면 혼날 것이 두려워 일단 그 자리를 모면하기 위해 거짓말을 하거나 부모나 주변사람들이 거짓말하는 것을 그대로 따라하는 경우가 있는데, 거짓말의 유형을 살펴보면 다음과 같다.

1. 상상에 의한 거짓말

아이들은 동화나 옛날이야기를 자주 듣기 때문에 상상으로 이야기를 꾸며내는 경우가 있다.

아직 현실과 상상의 세계를 구분할 능력이 없는 아이로서는 발달단계에서 일어나는 자연스러운 현상이기 때문에 별로 문제가 되지 않는다. 그러나 청소년이 돼서도 때때로 현실에서 얻지 못하는 기쁨과 만족을 얻기 위하여 상상의 세계에 빠지는 것은 문제가 있다.

2. 모방적인 거짓말

부모나 주변 사람들이 어떤 사건을 보다 흥미 있게 이야기하기 위해 거짓말을 하면 아이들은 이것을 무분별하게 모방한다. 주변 사람들의 거짓말을 분별력 없이 그대로 받아들이기 때문이다.

3. 사회적인 거짓말

모방적인 거짓말과 비슷한 경우이다. 예컨대, 누가 집에 찾아왔을 때 어머니가 아이에게 '엄마가 집에 없다'거나 '아프다'고 말하도록 해서 아이에게 거짓말을 시키는 경우이다.

4. 과장된 거짓말

어떤 사실을 과장되게 표현한다. 잘하려는 의도에서 하는 것이라면 크게 염려하지 않아도 되지만, 거짓말이 습관화되면 곤란하다. 아이에게 그 표현의 부당성과 과장된 말이 일으킬 수 있는 오해를 지적하고, 진실을 말하라고 가르쳐주어야 한다.

5. 방어적인 거짓말

가장 흔한 유형의 거짓말이다. 자기 행동의 결과로 벌을 받게 될지 모른다는 두려움 때문에 이를 피하고자 하는 거짓말이다.

6. 보상적인 거짓말

부모나 주변 사람들이 학업 성적 등을 강조하는 경우, 아이가 부모나 선생님, 친구들에게 좋은 인상을 주기 위해 사실과 다른 정보를 알려주는 거짓말이다. 성적표를 고쳐 부모에게 인정받으려는 경우가 이에 해당된다.

7. 반항적인 거짓말

아이가 다른 사람 때문에 자기가 하던 일을 방해 받으면 이를 피하기 위해 거짓말을 한다. 장난감을 가지고 재미있게 놀고 있는데 어머니가 자꾸 심부름을 시킬 때 다리가 아파서 심부름을 못하겠다고 거짓말을 하는 것이다.

8. 복수를 하기 위한 거짓말

부모가 자기에게 부당하게 대했다는 생각에 화가 난 경우 복수하기 위해 거짓말을 한다. 심지어 자신이 나쁜 짓을 했다는 이야기를 꾸며대서 부모에게 충격을 주거나 앙갚음을 하기도 한다.

9. 병적인 거짓말

자신에게 아무런 이득이 없는데도 만성적으로 거짓말을 하는 상태이다. 다른 거짓말 가운데 특히 문제가 되는 것은 병적인 거짓말이다. 확실한 목적을 갖고 있지 않은 거짓말로 정신착란증이나 정신박약자의 거짓말과는 다르며, 정서적으로 심각한 갈등을 겪고 있거나, 범죄를 저지를 때 거짓말을 한다. 특정한 상황과는 상관없이 여러 가지 사물에 대해 무의식적으로 거짓말을 하는데, 이런 거짓말을 몇 년, 또는 일생 동안 하게 된다.

아이들이 거짓말을 하는 심리

아이들이 하는 거짓말은 남에게 크게 해를 끼치지는 않지만 이것이 계속되다 보면 다른 사람의 인격과 권리, 재산을 침해하는 행위로 이어지게 되어 기만 행동이 된다. 결국 비행과 범죄 행동으로 이어진다. 아이들과 청소년들에게 나타나는 대표적 일탈 행위가 기만 행동이다. 곧 아이의 기만 심리의 이면에는 자신의 욕구를 충족하기 위해 남을 속이거나 눈을 피하려는 동기가 숨어 있다. 이러한 기만 심리를 억제하지 못할 때 비도덕적이고 반사회적인 행동을 하게 되는 것이다.

기만 행동, 또는 기만 심리는 아이의 성장 과정에서 형성된다. 아이는 항상 자기를 중심으로 생각하고 행동하는 경향이 있는데, 이와 같은 '자기중심성'egocentrism은 아직 양심이 발달하지 않은 상태이기 때문에 비도덕적이라고 할 수 없다. 그러나 도덕적 판단이 가능한 초등학교 이후에도 자기중심적으로 생각하고 행동하면 도덕성과 사회성 발달이 제대로 이루어지지 않는다. 아이가 정상적으로 성장하기 위해서는 사회에서 인정된 방식으로 욕구 충족이 이루어져야 하며, 다른 사람의 권리를 존중하는 이타성이 형성되어야 하기 때문이다.

자기중심적인 사람은 흔히 수단과 방법을 가리지 않고 욕구를 충족시키고자 하는 경향이 있다. 아이가 대표적인 경우라고 할 수 있다. 그러나 어느 정도 지적인 판단 능력이 생긴 후에는 행동의 결과를 고려하게 된다. 자기중심적인 아이는 비난이나 처벌을 받지 않고 욕구를 충족할 수 있는 지적인 판단 능력은 있으나 도덕적 판단 능력이 부족하다. 원하는 것을 얻기 위해 거짓말을 한다거나, 남의 눈을 속이거나, 훔치는 등의 기만 행동을 하게 된다.

인간의 기만 심리는 여러 가지 형태로 나타난다. 거짓말은 기만 심리의 언어적인 표현이며, 훔쳐보기나 훔치기 등은 기만 심리의 행동적 표현이라고 할 수 있다. 이 중 거짓말은 정도의 차이가 있을 뿐 거의 모든 사람에게 나타나는 가장 대표적인 기만 행동이다. 따라서 아이의 기만 심리는 발달단계의 자연스러운 과정으로 이해해야 한다.

지금까지 정직성을 포함한 아동 및 청소년의 도덕성 발달에 관한 다양한 심리학적 연구가 이루어져 왔다.

심리학자 콜버그Kohlberg는 단계별 도덕성 발달을 다음과 같이 설명하고 있다.

첫째, 아이는 먼저 잘못을 한 대가로 받는 벌과 복종에 의해 자신의 도덕성을 형성해 간다. 아울러 모든 도덕적 개념은 자기 욕구를 중심으로 형성된다. 곧 아이의 도덕성은 자기 주관에 의해 이루어진다.

둘째, 아이는 자신의 욕구 충족 수단으로 도덕성을 갖는다. 다른 사람은 전혀 염두에 두지 않는다.

셋째, 아이는 조화로운 대인관계를 위해 도덕성이 필요하며 다른 사람들의 생각이 옳을 수도 있다고 생각한다. 비로소 객관적으로 가치판단을 할 수 있게 된다.

넷째, 아이는 학교나 단체생활을 통해 법과 질서를 준수하고자 하는 도덕성과 선악 판단이 가능한 성인으로 자라난다.

위와 같은 단계를 거쳐 성인으로 자라며 아동기에는 결과만 중요시하는 성향을 보인다는 것이다. 그러므로 아이들에게는 과자접시를 왜 깼는가 보다는 한 개를 깼는가 두 개를 깼는가가 더 중요하다.

아이가 정직하게 혹은 속임수를 쓰는 것은 인간성 때문이라기보다는 상황 때문이다. 예를 들어, 거스름돈을 받을 때는 정직했던 아이가 시험 점수를 매길 때는 속임수를 쓰고, 같은 시험이라 하더라도 산수 시험지를 채점할 때는 정직했던 아이가 국어 시험지를 채점할 때는 속임수를 쓴다면, 이것은 후자가 속임수를 써야 할 상황이었기 때문이다. 가족 이외의 집단도 정직성에 영향을 미친다. 예컨대 학교생활이나 또래집단의 영역에서 아이들은 정직하면 오히려 따돌림을 받을 수 있다. 거짓말은 정직하지 않다는 것을 보여주는 가장 대표적인 기만 행동이다.

거짓말을 하는 원인

아이가 거짓말을 하는 가장 큰 이유는 가정에서 부모로부터 도덕성을 배울 기회가 없어서이다. 사회적 신의를 깨뜨리고 타인을 무시할 수 있다는 생각, 곧 순간적인 자신의 욕구를 충족하기 위해 남을 속일 수도 있다는 태도를 학습했기 때문이다.

이러한 비도덕적인 태도를 학습하게 된 원인은 무엇일까.

첫째, 부모가 별로 심각하게 생각하지 않고 아이에게 거짓말을 시키거나, 아이 앞에서 거짓말을 하면 그것을 가르치는 셈이다. 또 하나는 솔직하게 말하는 것보다 유리한 결과를 가져온다고 생각해 거짓말하는 경우가 있다. 예를 들어 과거에 자기의 잘못을 솔직하게 말했을 때는 벌을 심하게 받았고, 거짓말을 했을 때는 벌을 받지 않았던 경험이 있다면 벌을 피하기 위해 거짓말을 계속하게 된다.

둘째, 보상 심리 때문에 거짓말을 한다. 욕구 불만이 생기거나 좌절을 겪게 되면 심리적인 보상을 얻기 위해, 또는 자신을 보호하기 위해 거짓말을 하게 된다. 자아가 상처받는 것이 두려워 그에 대한 방어를 하는데, 이것은 엄격한 가정에서 흔히 볼 수 있다. 그리고 부모나 선생님에 대한 복수심 때문에 거짓말을 하는 경우도 있으며, 열등감으로 인해 남들에게 우월하게 보이기 위해 거짓말을 하기도 한다.

셋째, 반사회적 성격장애 때문에 거짓말을 한다. 이 경우는 거짓말만 하는 것이 아니라 다른 반사회적 행동(싸우거나 훔치는 등 타인의 권리를 침해하는 행동)도 하게 된다. 이런 성격을 지닌 사람들은 책임감이나 도덕성, 타인에 대한 배려가 거의 없다.

아이들이 왜 물건을 훔칠까

아이의 방에 새로운 장남감이나 학용품이 있어서 어머니가 물어보면 친구가 사준거라고 거짓말을 한다. 사실은 친구네 집에서 몰래 가져오거나 가게에서 훔친 것이다. 이렇게 물건을 훔치는 도벽 심리는 거짓말을 하게 만드는 일종의 행동장애이다.

도벽은 다른 사람을 속이고 이용하려는 동기가 밖으로 표출된 청소년기의 이상 심리 현상이다. 아이들의 도벽 심리는 왜 나타나며 어떤 경우에 훔치고 싶은 욕구가 생기는 것일까.

첫째, 어떤 물건을 갖고 싶을 때 훔친다. 기본적인 욕구가 충족이 되지 않으면 사람들은 물건이나 돈을 훔치게 된다. 특히 불우한 가정환경에서 자란 아이들이나 청소년들이 주로 훔치며, 실제로는 필요하지 않은 다른 물건까지 훔친다. 용돈을 전혀 주지 않거나 아주 적어서 필요한 물건을 살 수 없으면 훔치게 된다. 이를 방지하기 위해서 부모는 용돈의 적정선을 아이와 얘기해보고 배려해야 한다.

둘째, 도덕성 발달이 잘못되어 있을 경우 훔친다. 아이들은 자기 소유와 타인의 소유를 구분하지 못하지만 성장하면서 부모와 선생님으로부터 다른 사람의 물건과 자기의 물건을 구별하는 것을 배운다. 정상적으로 도덕성이 발달한 청소년은 소유권이란 개념을 이해하고, 자기가 원하는 물건을 사기 위해 일을 하기도 한다. 그러나 간혹 절도가 나쁘다는 것을 배우지 못한 아이들이나 청소년들이 가정이나 밖에서 절도 행위를 계속하는 것을 볼 수 있다. 심지어 어떤 아이들은 부모의 절도 행위를 보며 자랐기 때문에 자신의 행동에 대해 죄의식이 전혀 없다.

셋째, 사회적인 지위와 친구를 얻기 위해 훔친다. 또래 아이들과 동등한 사회적 지위를 얻기 위해, 또는 친구를 사귀기 위해 절도하는 것이다. 물건을 살 수 있는 넉넉한 돈을 가짐으로써 자신의 처지가 나아졌다고 느끼고, 다른 사람들이 자기를 더 존경하고 따르게 될 것이라고 생각한다. 이를테면 사춘기 소녀가 친구에게 자랑하기 위해 값비싼 옷을 훔치거나, 아이들이 돈이나 학용품, 장난감 등을 훔쳐 친구들에게 나누어주면서 우정을 얻으려 하는 것이다.

넷째, 적대감이 폭발할 경우 훔친다. 어떤 사람에게, 혹은 사회에 복수하기 위해 엉뚱한 사람의 물건을 훔치는 것이다. 자신이 갖고 있는 적대감을 해소하기 위해 불특정인의 물건을 훔친다. 어떤 아이가 부모에게 부당하게 대접받고 있다고 생각할 때, 그 아이는 상점의 물건을 훔치는 것이 정당하다고 느낀다. 물건을 훔치면서 얻는 즐거움이 부모에게서 받은 부당한 대우에 대한 보상이라고 생각하는 것이다.

다섯째, 불량 서클의 리더나 다른 구성원들의 압력과 명령에 의해 원치 않는 절도를 하는 청소년들도 있다. 서클 집단 내에서 인정을 받기 위해 절도를 하기도 한다. 집단으로 절도를 할 경우 범죄를 저지른다는 자각이 희미해진다. 아이들이나 청소년들은 집단 구성원을 위해, 혹은 집단 동료들과 같이 절도를 하는 것은 나쁘지 않다고 생각한다. 개인적 책임감을 느끼지 않기 때문이다.

도벽 심리는 대인관계가 미성숙하여 자기주장이나 표현이 미숙할 때 나타나기도 한다. 말하자면 작은 키와 마른 체구 같은 신체적 열등감을 갖고 있거나, 잦은 이사로 인한 환경 변화, 부모의 갈등, 억압적인 가정 분위기, 학교 성적에 대한 심한 부담감 등이 도벽 심리를 부추기기도 한다.

엄격한 아버지 밑에서 성장한 아이들이 아버지를 자신의 감시자 또는 폭군으로 인식하는 경우가 많다. 학업 성취에 대한 아버지의 과도한 기대와 요구는 아이를 항상 주눅 들게 만들어 아이는 기회만 있으면 복수를 꿈꾼다. 아이는 자신에게 부당하게 대하는 아버지에게 복수를 목적으로 아버지를 속이려고 하는 것이다. 처음에는 아버지로부터 받게 될 벌을 피하기 위해 속이기 시작하다가, 점차 아버지에 대한 적대감이 표출되면서 자신의 거짓말에 속아 넘어가는 아버지를 보며 쾌감을 느끼게 된다.

도벽 심리의 치료

대인관계의 미숙에서 오는 도벽 심리를 어떻게 치료해야 할까?

첫째, 부모가 먼저 반성해야 한다. 보수적인 가정에서 자란 부모들은 엄격한 양육 방법을 바람직한 것으로 생각하는 경향이 있다. 그런 부모는 대부분 자신이 철저하게 가정교육을 시키고 있다고 자부한다. 아이의 비행이 발각되면 어이없을 수밖에 없다. 아이가 평상시 겉으로는 순종적인 태도를 보이면서, 집밖에서의 생활은 철저하게 속였기 때문이다. 아이의 비행에 대한 상담이 진행되면 부모는 아이가 도둑질을 한 것에 나름대로의 이유가 있음을 납득하면서, 자신들의 양육 방법에 문제가 있음을 깨닫게 된다.

먼저 부모는 지금까지 당연하다고 생각했던 자신들의 방법대로 아이를 키우는 것이 독단적이었음을 인정해야 한다. 아이가 부모를 속이고 도둑질을 하는 것은 성장하는 과정에서 일어날 수 있는 몸부림이라는 사실을 알아야 한다. 부모는 적극적으로 아이와 대화하고 아이 편에서 세상을 보려고 노력해야 한다.

둘째, 학교에서 유연하게 대처해야 한다. 보통 생활 지도를 담당하는 선생님들은 아이들이 비행을 저질렀을 때, 비행의 동기에 대해서는 관심을 보이지만 심층적으로 원인을 분석하고 그에 따른 적절한 지도를 하는 데는 미숙한 편이다. 더구나 비행을 저지른 아이들을 다른 아이들로부터 격리시키는 데 급급한 선생님도 있다. 대부분의 학교는 퇴학이나 무기정학, 근신, 경고 등과 같은 처벌 위주의 조치로 문제 아이들을 징계한다. 이는 매우 안타까운 일이 아닐 수 없다. 아이의 마음을 헤아릴 줄 아는 선생님이라면 나쁜 짓을 저지른 배경에 깔려 있는 다양한 심리적 요인들을 이해하고, 처벌로 끝내기보다는 새로운 성장 가능성을 믿고 그 아이를 수용해줄 것이다. 도둑질이라는 행위 자체가 아이의 감정 표현이며, 자기주장의 한 형태라는 사실을 인정해야 한다. 학교에서 아이를 포용해줌으로써 대인관계의 미숙이나 방어적 거짓말 같은 성격적 특성이 또래들과의 생활 속에서 변화될 수 있는 기회를 주어야 한다.

셋째, 도벽 행위를 하는 아이들은 전문적인 상담을 받아야 한다. 상담을 통해 비로소 자신의 문제를 직시할 수 있기 때문이다. 상담을 통해 아이는 있는 그대로의 자신을 받아들이면서 미숙하거나 경솔했던 행동을 자각하고, 타인을 고려하는 관점도 터득하게 된다. 부모로부터는 인격적인 개체로, 학교로부터는 신뢰할 수 있는 학생으로, 상담자로부터는 인간적인 존중과 수용을 받을 수 있는 청소년으로 인정을 받게 되면 도벽이 있었던 아이들도 하루가 다르게 올바른 모습을 찾아간다.

체벌을
무서워해요

　　전통적으로 우리나라 사람들은 '효는 백행_{百行}의 근본이다.'라는 유
교적인 윤리관에 얽매여왔다. 부모의 말씀은 무조건 따라야 하며 부모
에게 순종하는 것을 당연하게 여겼던 것이다. 지금의 기성세대는 만약
부모의 말을 거역할 경우 어김없이 회초리를 맞았으며 엄한 아버지로
부터 매를 맞으며 성장했다. 교육적 목적으로 체벌이 당연히 필요하다
는 생각을 하고 있기 때문에 가정뿐만 아니라 학교에서도 체벌이 이루
어지고 있다. 그런데 체벌이 남발되고 있어 심각한 사회 문제로 대두되
고 있다.

잘못된 체벌의 후유증

아이가 학교나 가정에서 부당하게 체벌을 받았을 때, 곧 부모나 선생님이 무분별하게 매를 체벌의 수단으로 사용했을 경우 아이가 나중에 겪는 정신적 후유증은 생각보다 매우 심각하다.

부모는 아이가 잘못을 저질렀을 때 바로잡기 위해 매를 든다. 자식을 사랑하기 때문에 '사랑의 매'를 드는 것이다. 이처럼 바람직한 체벌에는 훈계와 사랑이 느껴져야 그 교육 효과를 거둘 수 있다. 아이들은 매를 맞을 때 공포감이나 수치심을 느끼고 나아가 '도대체 내가 뭘 잘못했지?' 하며 체벌자에 대해 분노하게 된다. 혹은 '내가 정말 나쁜 아이인가 보다'하는 자책감에 휩싸일 수도 있다.

이런 감정들이 자꾸 반복돼 쌓이다 보면 다음과 같은 정신적 후유증을 겪게 된다.

첫째, 아이는 정서적으로 불안하고 위축되며 어른들의 눈치만 본다. 아이는 자신감이 없어지고 내성적이 된다.

둘째, 부모의 폭력적인 행동을 모방하여 공격적 행동을 보이고 성인이 되어서는 자살이나 자해 등의 행동을 하게 된다.

셋째, 매가 무서워 일단 그것을 피하려고 거짓말을 하게 되거나 부모의 처벌이 두려운 나머지 가출이나 학교를 무단결석하는 문제 행동을 하게 된다.

넷째, 도덕성 발달이 제대로 이루어지지 않는다. 어른이 되었을 때 양심의 가책을 느끼기보다 단지 남들이 알 경우 처벌이 두려워 나쁜 짓을 하지 않는다.

체벌 찬반론

    체벌이란 교육적 목적으로 신체에 벌을 가하는 것을 말한다. 조선 후기의 화가 김홍도가 그린 '서당도'書堂圖를 보면 종아리를 걷어붙인 한 아이가 훈장 선생님에게 매를 맞는 장면이 나온다. 교육현장에서의 체벌은 그만큼 오래 돼 우리에게 낯익은 광경이고 친숙하다. 그러나 체벌에 대한 이러한 인식과 태도는 최근에 와서 많이 변화되었다. 매를 통한 양육 방법이 아이의 올바른 성장을 위해 바람직한가, 과연 정당한 것이냐에 대한 사회적 논란이 일고 있다. 사랑을 바탕으로 한 체벌이 아닌 경우 오히려 정신적인 문제를 일으킬 수 있기 때문이다. 이것은 아이에게 육체적·정신적 폭력이 된다.

    소아정신과에서 상담을 받는 아이들 중에 뚜렷한 원인 없이 여기저기가 아프다거나 가슴이 답답하고 악몽을 자주 꾸는 경우가 있다. 상담을 해보면 주로 만성적 불안이 그 원인이다. 대부분 부모나 선생님으로부터 체벌을 받을까봐 두려워하고 불안해하는 경우이다.

    체벌의 필요성을 주장하는 사람들은 아이의 문제 행동을 바로잡을 수 있고 잘못된 행동에 대해 깊이 반성하게 만들며 집단 통제에 효과적이라는 근거를 들어 정당성을 주장한다.

    반면 체벌이 정당하지 않다고 주장하는 사람들은 체벌이 아이에게 정신적 후유증을 남기기 때문에 좋지 않다고 주장한다. 두 주장 모두 충분히 일리가 있다. 체벌은 적기에 조심스럽게 사용하면 훌륭한 교육 수단이 될 수 있지만, 아이가 체벌의 정당성이나 사랑의 매라는 것을 느끼지 못한다면 정신적 부작용만 남길 뿐이다.

매를 아끼면 자식을 버린다지만 지나치면 자식의 정신을 망친다. 체벌을 효과적으로 사용하려면 어떻게 해야 할까.

첫째, 체벌은 신중하고 조심스럽게 이루어져야 한다. 다칠 위험이 있는 머리나 수치심을 느끼게 할 수 있는 얼굴과 뺨 같은 부위는 피해야 한다. 특히 학교 교실처럼 남들이 지켜보는 곳에서 모욕적인 체벌을 하는 것은 절대 피해야 한다.

둘째, 부모의 감정에 따라 체벌의 강도가 달라질 수 있으므로 감정을 가라앉힌 후 아이의 잘잘못을 따져야 한다. 체벌자가 기분이 좋을 때는 큰 잘못을 해도 그냥 넘어가고, 기분이 나쁠 때는 사소한 실수에도 과민하게 체벌하기 때문이다. 곧 체벌할 때 일관성을 지켜야 한다.

셋째, 아이들이 똑같은 잘못을 했을 때 형평성을 지켜 체벌을 한다. 그렇지 않으면 아이는 나만 미워한다고 인식하게 된다. 곧 부모나 선생님이 누구를 편애한다는 인상을 주면 깊은 상처를 받게 되므로 조심한다.

넷째, 아이를 체벌하다 보면 부모의 감정을 자제하지 못하는 경우가 있다. 처음부터 문제 행동에 대해 쓸데없는 말을 잔소리처럼 장황하게 늘어놓거나 격한 감정을 드러내지 않도록 주의한다. 단순히 벌을 받게 된 문제 행동만 지적하면서 체벌을 해야 효과적이다.

다섯째, 벌 받는 이유에 대해 아이가 납득할 수 있어야 한다. 그 이유를 이해하지 못하는 아이에게 벌은 공포심이나 반항심만 심어준다.

여섯째, 체벌은 문제 행동을 한 직후 바로 시행해야 효과가 있다. 지난 일을 상기시키며 체벌하는 방법은 아이에게 거짓말을 하라고 시키는 것과 같으며 효과도 반감되기 때문이다.

체벌은 부득이한 경우에 마지막으로 사용하는 수단이어야 한다. 체벌을 하기 전에 아이에게 미리 경고를 하거나 어떤 때 체벌을 할 것이라는 규칙을 구체적으로 정해두어야 한다. 또한 체벌을 하되 부모의 사랑을 느낄 수 있도록 해야 한다. 체벌 후 아이를 껴안아주어 아이의 마음을 달래주고 안정을 되찾도록 도와주어야 한다.

체벌 이외의 교육 방법

체벌 이외에도 아이의 잘못을 바로잡을 수 있는 다양한 방법이 있다.

첫째, 아이가 잘못을 했을 때 어머니가 결코 용납하지 않겠다는 단호한 태도를 취하거나, 강한 어조로 잘못을 꾸짖고 찡그리고 화난 표정을 지어보이며 제지하면 효과적이다.

둘째, 아이가 화가 많이 나서 대화가 힘들 경우에는 잠깐 동안 혼자 있게 한다. 이때는 알람시계로 정확히 몇 분간 혼자 있어야 한다는 사실을 알리고, 그래도 진정이 안 되면 다시 반복하겠다고 말해준다. 이 방법을 타임아웃_{time out}이라고 하는데 극도로 흥분하여 생떼를 쓰는 아이에게 효과적인 방법이다.

셋째, 잘못된 행동을 했을 때는 무서운 표정을 짓고 올바른 행동을 하면 칭찬과 격려 혹은 물질적 보상을 해준다. 이를 바람직한 행동만을 하도록 만들어주는 긍정적 강화법_{possitive reinforcement}이라고 한다. 이 방법은 체벌 등의 부정적 강화법보다 효과적이어서 올바른 행동은 많이 하게 되고 잘못된 행동은 자연히 줄게 된다.

넷째, 아이가 약속에 대해 이해하고 지킬 수 있는 나이가 되면 약속을 통해 통제한다. 약속을 어겼을 경우 아이가 좋아하는 것을 하지 못하도록 하는 식이다. 예를 들어, 아이가 숙제를 하겠다는 약속을 지키지 못했을 때 좋아하는 텔레비전 프로그램을 보지 못하게 하거나 게임을 못하도록 하는 것이다. 이처럼 바람직하지 않은 행동을 강압적으로 없애는 방식을 통틀어 부정적 강화법negative reinforcement이라고 한다.

다섯째, 아이의 욕구가 지나칠 경우 아예 그 문제 행동을 무시해버리는 방법을 소거 방법extinction이라고 한다. 예를 들어, 아이가 물건을 사달라고 떼를 쓰는 경우 계속 무시하면 아이는 '이 방법은 소용이 없구나.' 하는 체념이 생겨 그런 행동을 하지 않는다. 처음에는 어머니의 관심을 끌려고 더 심하게 떼를 쓰겠지만 이때도 어머니는 못 본 척 냉담하게 반응해야 한다.

놀이 치료와 행동 치료

아이의 행동을 변화시키는 유용한 치료법으로 놀이 치료와 행동치료가 있다. 놀이 치료란 아이의 심리적 갈등 원인을 찾아 해결해 주고 아이의 행동을 바람직한 쪽으로 유도하는 것이다. 반면에 행동 치료란 심리적 원인을 찾기보다는 잘못된 행동 자체를 바로잡는 치료법으로 아이가 어릴 경우 의외로 효과적이다. 대부분의 어머니들은 행동 치료법을 알게 모르게 시행하고 있다. 그런데 '이러면 안 되는데' 하면서도 어머니들이 흔히 저지르는 실수가 있다.

첫째, 아이가 올바른 행동을 할 때는 당연한 것으로 여겨 칭찬과 격려는 안 하는 반면, 잘못된 행동에만 관심을 가진다.

둘째, 잘못된 행동에 대해 강력하게 제지하지 않고 반복해서 말로만 지적하다가 갑자기 언성을 높이면서 체벌을 한다.

셋째, 아이의 말을 끝까지 들어주지 않고 '안 돼!'라는 한마디로 말을 끊는다.

넷째, 아이에게 한 번 안 된다고 말했다가도 아이가 계속 조르면 마지못해 들어준다.

다섯째, 아이를 꾸중한 후에 마음이 약해져 안 된다고 했던 것을 허락해 준다.

선진국 어머니들의 자녀교육법

우리나라의 어머니들은 정에 약하다. 아이에게 말만 무섭게 할 뿐 약속한 벌을 내리지 않고, 모질게 대하지 못한다. 어머니의 이런 태도를 알고 있는 아이에게는 행동 치료법이 통하지 않는다.

반면 선진국의 어머니들은 자녀를 교육할 때 자연스럽게 행동 치료법을 사용한다. 예를 들어, 아이가 음식점에서 소란을 피우면 "너 계속 이러면 집에 가서 네가 좋아하는 만화를 못 보게 할 거야." 라는 말은 한다. 어머니의 단호한 태도에 아이는 얼른 제자리에 가서 앉는다.

칭찬과 보상

아이가 잘못을 했을 때 꼭 체벌을 해야만 행동이 바뀌는 것은 아니다. 아이가 올바른 행동을 하도록 이끄는 가장 좋은 방법은 보상이다. 보상에는 선물과 같은 물질적 보상(과자, 장난감, 돈 등) 외에도, 아이가 누릴 수 있는 특권(비디오 보기, 컴퓨터 게임 30분 더 하기 등)뿐 아니라 칭찬과 관심의 표현(미소 짓기, 껴안아주기, '네가 최고'라는 의미로 엄지손가락 들어주기 등)이 포함된다. 우리나라는 전반적으로 칭찬에 인색한 탓에 잘못을 바로 잡을 수 있는 가장 손쉬운 방법인 칭찬을 잘 이용하지 못한다. 흔히 부모들은 아이에게 칭찬을 해주고 싶어도 할 기회가 없어서 못한다고 말한다. 아이가 올바른 행동을 했을 때는 물론, 전에 보이던 잘못된 행동을 안 했을 경우 칭찬해주면 된다.

예를 들면, 평소 장난감을 서로 갖겠다고 동생과 다투던 아이가 싸우지 않고 잘 놀 때, 그 순간을 놓치지 않고 칭찬을 해준다. 곧 잘못된 행동을 하지 못하게 야단치기보다는 그런 행동을 하지 않을 때 관심을 갖고 칭찬해주면 잘못된 행동은 자연스럽게 줄어든다.

아이에게 긍정적 보상을 해줄 때 주의해야 할 것이 있다.

첫째, 아이가 올바른 행동을 하는 순간을 놓치지 말고 칭찬이나 보상을 바로 해주어야 한다.

둘째, 아이가 무엇을 제일 좋아하고 원하는지 미리 알고 있어야 한다.

셋째, 처음에는 아이가 칭찬을 받을 수 있도록 간단한 심부름을 시켜 제대로 하는 훈련을 해야 한다.

넷째, 시키지 않았는데 자발적으로 올바른 행동을 했을 경우에는 특

별 보너스를 준다. 칭찬과 보상은 아이가 가장 좋아하는 것으로 해야
효과가 크다.

효과적인 지시 방법

아이에게 지시하는 방법을 바꾸면 훨씬 더 말을 잘 듣게 할 수 있다.
아이에게 애매한 말로 일을 시킨 후 실망하여 꾸중해서는 안 된다. 아
이에게 어떤 일을 지시할 때는 다음 사항을 유념해야 한다.

1. 지시하기 전에 아이를 산만하게 만드는 요소를 미리 제거한다.
2. 지시 사항은 간단명료하게, 다소 딱딱한 목소리로 지시하는 것이
   효과적이다.
3. 어머니 스스로 아이에게 무엇을 시키고자 하는지에 대해 확실하
   게 알고 있어야 한다.
4. 한 번에 너무 많은 지시를 하지 말고, 복잡한 내용이라면 여러 단
   계로 나누어 지시한다.
5. 어머니 말에 집중하는지 확인하고 아이와 눈을 맞추면서 지시한다.
6. 어려운 과제는 쪽지에 적어주어 아이가 수시로 참고하도록 한다.
7. 지시 사항이 잘 전달되었는지 아이에게 다시 확인해 본다.

스티커 활용법

스티커 활용법이란 아침에 일찍 일어나기, 동생과 싸우지 않기 등 특정한 목표를 잘 지켰는지를 판단해 그날 달력에 스티커를 붙여주고, 이것이 모이면 약속한 대로 보상을 해주는 방법이다. 부모와 아이 간의 철저한 계약인 셈이다.

구체적인 방법은 다음과 같다.

1. 스티커를 구입한다. 유아교재를 취급하는 곳이나 초등학교 문구점에는 다양하고 예쁜 스티커들이 많이 있다. 4~5세의 아이는 아직 스티커의 모양을 구분하지 못하므로 스티커 1장을 1점으로 하고, 6세 이상인 경우엔 스티커의 모양, 크기, 색에 따라 1점, 5점, 10점 등으로 차등을 둔다.

2. 먼저 스티커를 붙일 수 있는 전용 달력을 만들어 놓는다. 여기에 변화시키고자 하는 행동의 목록을 기록해 놓는다.(그림 참조)

3. 아이가 받고자 원하는 상을 미리 파악한다. 스티커와 상의 종류는 10~15가지가 적합하다.

4. 점수에 따른 상의 종류를 정확히 정해 놓는다.

5. 보너스 스티커 제도를 마련하여 목표 행동에는 없지만 올바른 행동을 했을 때 스티커를 추가로 준다.

6. 행동 수정을 위해 제시한 과제가 너무 쉽거나 어려운 것은 아닌지 2주일에 한 번씩 지난주의 결과를 점검하고 수정한다.

스티커 사용 방법이 너무 복잡하면 아이가 중간에 포기할 수 있으므로 처음에는 한두 가지 목표 행동을 정해 간단한 점수제로 시행하는 것이 좋다. 어느 정도 아이가 적응이 되면 점차 복잡한 방법을 이용한다. 실제로 시행해보면 아이들이 스티커를 받으려고 무척 노력하는 모습을 볼 수 있다. 스티커 활용법이 너무 어렵거나 생소하지 않도록 하며, 아이가 스트레스를 받지 않도록 놀이처럼 진행한다.

〈스티커를 이용한 행동 치료의 실례〉

	4월1일	4월2일	4월3일	4월4일	4월5일	합계
아침에 일찍 일어나기	☆	★	★	★	☆	
동생과 사이좋게 지내기	★	★	★	★★	★★	
총점	3점	4점	4점	5점	4점	20점

☆1점: 보통일 때
★2점: 잘했을 때
★★3점: 아주 잘했을 때

- 5일 동안 합계가 15점 이상 : 자신이 원하는 책 1권 빌려주기
- 20점 이상 : 자신이 원하는 책 2권 빌려주기
- 25점 이상 : 평소에 갖고 싶어 했던 장난감 사주기

타임아웃 기법

타임아웃 기법이란 아이가 잘못된 행동을 하거나 극도로 흥분해서 투정을 부리고 자제를 못할 때 이를 처벌하고 진정시키는 방법이다.

이것은 아이를 일시적으로 혼자 있도록 조치하는 행동치료인데 구체적 방법은 다음과 같다.

첫째, 혼자 있게 하는 장소는 조용하고 아이가 제일 싫어하는 곳을 선택한다. 부엌 구석이나 어두운 빈 방 등이 적합하다. 아이가 어린 경우 벽을 보고 서 있게 하는 것만으로도 효과적이다. 이때 소외감과 외로움을 겪게 되며 자신의 행동을 반성할 수 있게 된다.

둘째, 타임아웃 시간은 처벌의 강도와 아이의 연령에 따라 다르지만, 보통 5세일 때는 5분, 7세면 7분간 실시한다.

셋째, 타임아웃은 문제 행동 발생 시 바로 실시하기보다는 몇 차례 경고를 했는데 행동이 달라지지 않을 때 실시한다.

넷째, 어머니가 타임아웃을 실시했는데 아이가 지시 사항을 지키지 않았을 때는 타임아웃 시간을 연장하거나 체벌의 강도를 높인다.

다섯째, 타임아웃이 끝난 후에는 어머니가 왜 그렇게 했는지를 설명하고 아이에게 자신이 벌 받은 이유를 이해시킨다.

과잉 반복 교정법

잘못된 행동을 고칠 수 있는 방법으로 아이가 싫증낼 때까지 그 행동을 과도하게 반복하도록 하여 질리도록 하는 방법이 있다. 이를 과잉 반복 교정법이라고 한다. 예를 들면, 습관적으로 손톱 물어뜯기를 하는 아이의 경우 어머니가 지켜보면서 아이가 싫어할 때까지 계속 손톱 물어뜯기를 시키는 것이다. 아이가 편식이 심해 라면만 먹으려고 하면 다른 반찬은 주지 말고 며칠 동안 계속 라면만 먹게 한다. 아이는 라면에 질려 곧 다른 음식을 찾게 될 것이다. 그러나 과잉 반복 교정법은 때로 위험한 결과를 낳을 수도 있으므로 다른 방법이 통하지 않을 때만 사용해야 한다.

시험을
두려워해요

시험 날을 전후해 배나 머리가 아프다는 아이들이 있다. 때로는 구토 증세를 보이기도 하고 문제집을 집어던지며 신경질을 부린다. 실제로 시험을 보다가 글씨가 잘 안 보여 답안지 작성에 문제를 겪기도 한다. 이럴 때는 심리 검사를 할 수 있는 상담 치료기관에서 문장완성 검사를 해보는 것이 좋다. 아이의 성취욕구는 강하나 그 강한 자기 성취욕에 불안감을 느낄 때 이런 증상을 보인다.

고등학교 3학년이 되면 입시 병, 흔히 고삼 병을 앓는다고 한다. 4천만이 앓는다는 입시 병은 의학 사전에서는 찾아볼 수 없는, 우리나라 특유의 교육제도에서 탄생한 질병 용어로 외국 문헌에는 시험 불안으로 알려져 있다. 요즘엔 초등학교 고학년 아이들 중에 시험 불안과 관련된 신체적 문제를 호소하는 경우가 점점 늘고 있는데, 이때는 소아정신과에서 진단을 받아봐야 한다.

시험 불안은 우등생이 더 많이 느낀다

외국에서 시험 불안은 비교적 단순한 질병에 속하지만 우리나라에서는 사정이 좀 다르다. 우리나라 특유의 교육제도와 입시제도 때문에 아이들이 심각한 시험 불안 증세를 보인다. 대부분의 부모들은 자신의 아이가 시험 불안으로 고통을 겪고 있으리라고는 미처 생각하지 못한다. 부모들은 아이들이 신체적 이상을 호소하면 소아과를 찾게 되고, 이곳에서 신경성이라는 말을 들을 후에야 소아정신과를 찾게 된다. 비로소 자신의 아이가 시험 불안으로 고통 받고 있으며 신체적 이상 역시 심리적 고통이 주원인이라는 사실을 알게 된다.

흔히 부모들은 아이에게 공부하라고 스트레스를 준 적이 없다고 말한다. 하지만 초등학교 고학년이 되면 아이는 부모가 얘기하지 않아도 부모의 바람과 기대를 잘 알고 있다. 이 시기는 또래 아이들과 경쟁이 심해지는 때이기도 하다. 친구들 사이에서, 학교에서 자신의 위치를 굳혀야 하므로 성적에 대한 우월감이나 열등감에 상당히 민감하다. 공부를 잘하는 아이들이 시험에 더욱 예민하다.

시험 불안의 원인

시험 불안은 부모와 아이 모두에게 그 원인을 찾아봐야 한다. 시험 불안에 시달리는 아이는 대개 내성적이고 소심하며 매사에 완벽하고 꼼꼼하게 처리하려는 강박 성향을 갖고 있다. 아이는 겉으로는 내색하지 않지만 경쟁심이나 욕심이 많은 편이다. 이런 성격의 아이들은 대개 스트레스에 대처하는 능력이 떨어진다. 부모의 경우 아이에게 거는 기대가 높은 과잉 기대형이거나 자신의 열등감을 아이를 통해 보상받고자 하는 과잉 보상형이 있다. 이런 부모는 아이의 성적에 지나치게 집착하고 성적이 떨어지면 아이를 심하게 혼내거나 몰아붙이는 경향이 있다.

아동기에 나타나는 시험 불안의 특징은 공포감이다. 아이는 시험을 잘못 봤을 때 부모에게 처벌을 받을까봐 두려워한다. 시험 성적이 나쁘면 부모의 애정과 관심을 받지 못하기 때문이다.

신체적 증상

아이는 시험에 대해 심한 긴장감을 느끼는데, 이런 상태가 계속되면 자율신경계가 항진되므로 신체에 이상 증상이 나타난다. 시험 때가 되면 이유 없이 머리나 배가 아프고, 어지럽고 눈이 잘 안 보인다는 아이들이 있다. 또한 긴장되어 가슴이 답답하고 소변을 자주 보고 싶다는 호소를 한다. 소아과에서 진찰을 받으면 의사는 신경성으로 진단한다. 부모들은 의사의 말을 오해해 아이가 꾀병을 부리는 것으로 착각할 수 있다. 하지만 꾀병과 신경성 질환은 엄연히 다르다. 꾀병은 실제로 신체적 고통을 느끼지 않는 반면 신경성 환자들은 신체적 고통을 겪는다. 시험 기간이 되면 신체적 증상을 호소하여 입원해 시험에서 벗어나려는 아이들도 있다.

정신적 증상

시험 불안에 시달리는 아이는 시험 기간만 되면 지나치게 긴장하는 바람에 아는 문제도 틀리게 쓰는 실수를 하고, 시험 답안지에 이름을 쓰지 않았는지 혹은 답을 제대로 썼는지 등 쓸데없는 걱정에 사로잡히기도 한다. 불안감에 시달려 밤에 잠을 잘 이루지 못하고, 초조해서 행동이 부산해지고 안절부절못한다. 아이에 따라서는 강박적인 행동, 곧 이상한 버릇이나 습관이 나오기도 한다. 신경이 날카로워진 아이는 사소한 일로 형제와 다투며, 공부가 안 될 때는 답답해서 울기도 한다. 이러한 정서적 불안은 집중력을 저하시킨다.

시험에 대한 불안감은 열등생보다 우등생이 더 크다. 가정이나 학교에서 공부를 잘하는 똑똑한 아이로 인정받으려면 뛰어난 성적을 유지해야 한다는 심리적 부담을 느끼기 때문이다. 공부나 인생은 마라톤처럼 장거리 경주이다. 선두를 달리는 주자는 누가 뒤에서 추월하지 않을까 하는 초조감에 휩싸이기 마련이다. 혹시 선두를 놓쳐 2~3위로 처지면 경기 자체를 포기할지도 모른다. 시험 불안에 시달리는 아이를 돕기 위해서는 먼저 시험에 대한 부담감을 줄여주어야 한다. 부모들은 아이의 성적에 대해 먼 장래를 내다본다는 여유 있는 태도를 가져야 한다. 계속 1등으로 달리기보다는 선두 그룹에 끼어 있다가 골인 지점에서 마지막 힘을 내는 작전이 더 나을 수도 있다. 한때 공부를 잘하던 아이가 한두 번 성적이 떨어진 후 아예 공부를 포기하는 사례도 있다. 아이가 공부 자체를 포기하지 않도록, 시험 성적보다는 공부에 흥미를 느끼도록 해주어야 한다.

아이의 성적이 부진할 경우 부모도 덩달아 초조해하며 심하게 꾸중하는데 이는 잘못된 것이다. 아이를 무조건 비난하기보다는 장점을 찾아 칭찬해주고, 자신감을 심어주어야 한다.

아이의 학습을 돕는다고 과외를 지나치게 많이 시키는 것은 오히려 아이에게 스스로 공부할 기회를 빼앗는 것이다. 아이가 부담을 느끼면 학습에 흥미를 잃어버릴 수 있기 때문이다. 이때는 쉬운 문제부터 풀도록 지도하고 아이로 하여금 공부에 대한 자신감과 흥미를 갖도록 유도해야 한다. 공부 잘하는 아이와 비교하는 것은 금물이다. 다른 아이와 비교하는 것은 아이에게 열등감만 느끼게 할 뿐 상황을 개선하는 데 아무런 도움이 되지 못한다.

아이의 시험 불안이 심하다고 판단되면 소아정신과 의사와 상담하여 불안을 경감시키는 단기간의 약물 치료를 하는 것이 좋다.

아이가 성폭행을
당했어요

　흔히 아이는 나라의 보배라고 한다. 그런데 당연히 보호받아야 할 아이들이 성(性)을 매개로 가해지는 신체적·언어적·심리적 폭력으로 피해를 입는 사례가 점점 늘어나고 있어 사회적으로 문제가 되고 있다. 5~6세부터 초등학생에 걸쳐 피해를 당하는 연령층도 다양해졌다.

　아동 성폭행은 성적인 쾌락을 얻고자 아이를 대상으로 강압적 혹은 고의적 행위를 하는 것으로 다음과 같다.

- 아이를 상대로 한 성기 삽입 행위.
- 아이의 몸을 만지거나 애무하는 행위.
- 아이로 하여금 가해자의 몸을 만지거나 애무하도록 강요하는 행위.
- 노골적이고 음란한 표현과 성적인 내용의 말을 아이에게 하는 행위.
- 난잡한 성인 비디오나 사진을 아이에게 보여주는 행위.

- 은밀한 신체 일부분을 아이에게 노출시켜 보게 하는 행위.
- 아이 앞에서 자위행위를 하는 행위.
- 아이의 벗은 몸을 보고 즐기는 행위.

아이는 성폭행을 당하면 심리적으로 불안해한다. 의기소침해지고 말수가 적어지며 주변 사람들의 눈치를 보고 깊이 잠들지 못한다. 잠이 들었다가도 자주 놀라 깨거나 악몽에 시달린다. 잠자리에서 오줌을 지리기도 한다.

미국 등 서구 사회에서는 근친상간, 아동 성폭행이 심각한 사회 문제로 대두되어 왔다. 우리나라도 최근 미성년을 대상으로한 원조교제가 사회 문제가 되고 있고, 성범죄가 급증하면서 성폭행 피해자의 연령이 더욱 낮아지고 있다. 성폭행으로 인해 정신과를 찾는 아이들도 증가하고 있다. 정신과를 찾는 성인 여성 환자 중 상당수가 아동기에 성폭행을 당한 경험 때문에 장기간 정신적 고통을 겪은 것으로 알려져 있다.

여자아이뿐만 아니라 남자아이도 성폭행을 당한다. 초등학교 고학년 남학생의 경우 성인 여성이나 남성으로부터 성폭행을 당할 수 있다. 가해 여성은 오히려 그 남학생을 몰아 죄책감을 느끼게 한다.

성폭행의 현실

아이를 상대로 한 성폭행은 가해자의 범위가 광범위하며 성인을 대상으로 한 성폭행과는 다른 양상을 나타낸다.

첫째, 아이를 상대로 한 성폭행은 대개 낯선 사람보다는 아는 사람에 의해 이루어진다. 부모를 비롯해 친인척이나 이웃사람, 심지어 학교 선생님이나 유치원 원장, 문방구 가게 주인, 외판원, 사회 지도자에 이르기까지 다양하다.

둘째, 성인 성폭행은 대개 한밤중에 이루어지는데 비해 아이를 상대로 한 성폭행은 대낮에 이루어진다. 범행 장소는 으슥한 곳이 아니라 피해자나 가해자의 집, 학교 주변의 건물, 화장실, 엘리베이터 등이 많다.

셋째, 아이를 상대로 한 성폭행은 첫돌도 안 지난 아이부터 대상이 될 수 있는데, 주로 초등학교 3~4학년이 성폭행을 당하는 경우가 많다. 외모가 서서히 여성적으로 변모하는 데 비해 내적으로는 아직 미성숙해 상대적으로 아이의 방어력이 약하기 때문이다.

넷째, 안면이 있는 것을 이용해 자연스럽게 아이에게 접근한다. 그 외에 물건이나 돈을 주면서, 혹은 길을 묻는 척하거나 장난을 치면서 유인하기도 한다.

다섯째, 성인의 경우 여성 1명을 대상으로 집단 성폭행을 가하는 경우가 많으나, 아이의 경우 반대로 2명 이상의 아이가 동시에 한 가해자에 의해 성폭행을 당하는 경우가 많다.

성폭행 가해자

일반적으로 아이에게 성폭행을 하는 사람은 겉으로 보기에는 지극히 평범해 보이는 사람이 대부분이다. 주로 자기 정체감이나 그 개인의 인성에 문제를 가지고 있는 성격의 소유자다. 흔히 가해자가 정신박약자나 성도착자, 정신질환자, 범법자라고 생각하기 쉬우나, 좋은 직장을 갖고 가정생활을 잘 꾸려 나가는 사람인 경우도 많다.

성폭행을 가하는 사람들의 유형을 살펴보면 다음과 같다.

- 대인관계에 문제가 있기 때문에 주변에 가까운 친구가 없으며 외톨이로 지내는 사람.
- 가정에서 지배적이고 폭력적으로 행동해 부인이 부부관계를 거부하는 사람.
- 대인관계장애로 인한 열등감 때문에 성인 이성과는 성관계를 이루지 못하는 미성숙한 사람.
- 어렸을 때 자신도 성폭행을 당한 경험이 있는 사람.
- 평소 아이들과 접촉이 많은 일을 하는 사람.
- 시간이 한가하거나 실직해서 주로 집에서 생활하는 사람.

가해자는 성폭행 행위가 비윤리적이고 비난받을 짓이라는 것을 알고 있다. 그러나 자신의 역할 정체감, 삶의 목표가 없으며 정서불안장애나 심리적 문제를 안고 있는 사람들은 자신의 행동을 합리화시킨다. 이들은 대부분 자신의 행위가 알려진 뒤에도 자신의 행동을 강하게 부정한다. 가해자의 부인이 자기 남편은 절대 그럴 사람이 아니라며 피해자 가족에게 항의하는 경우도 있다. 어쩔 수 없이 시인한다 하더라도 음주로 인한 실수, 혹은 아이가 귀여워서 단순히 만진 것에 불과하다고 말하며 사실을 은폐하거나 왜곡시키고 끝까지 잘못을 시인하거나 과

오를 인정하지 않는다.

이러한 가해자는 정신적인 문제가 있기 때문에 대부분 정신과 치료가 필요한 사람들이다. 미국 워싱턴 주의 법에 따르면 아이에게 성폭행을 행하는 사람은 정신감정평가를 위해 90일 동안 정신병원에 머물게 하고 필요하다면 24개월 동안의 치료 프로그램에 참여시킨다. 만일 가해자가 치료 프로그램에 응하지 않으면 감옥에 보낸다. 성폭행 가해자에게 호르몬 요법을 사용하기도 한다.

성폭행 여부를 판별하는 법

아이들은 성적 행동의 의미는 잘 모르지만 자신에게 뭔가 이상한 일이 벌어졌다는 것을 어렴풋이나마 느낀다. 아이들의 이런 느낌은 성인이 된 후에도 불쾌한 기억으로 남아 있어 심각한 정서적 장애를 낳는다. 아이들은 자신이 당한 일에 대해 말하기 두려워한다. 특히 가해자가 가족의 한 사람이거나 아는 사람이라면 더욱더 얘기하기를 꺼린다. 다행히 평소에 부모가 아이와 대화를 잘하는 경우라면 문제가 쉽게 드러나지만 그렇지 않을 경우 모르고 그냥 지나치기 쉽다. 부모가 아이의 성폭행 피해 여부를 판별할 수 있는 상황은 어떤 것이 있을까. 아이가 다음과 같은 반응을 보일 때는 아동의 성폭행 여부를 의심해봐야 한다.

- 밤에 놀라 자주 깨거나 다 큰 아이가 갑자기 잠자리에 오줌을 쌀 때.
- 아이가 평소에 잘 다니던 학원이나 학교에 가기 싫어할 때.

- 평소 친하게 지내던 사람을 이유 없이 피하거나 두려워할 때.
- 아이 몸에 원인모를 상처, 특히 성기 부위에서 상처가 발견될 때.
- 성행위를 묘사하는 놀이나 행위를 할 때.
- 성적인 호기심이 많아지고 성과 관련된 말을 계속할 때.

정신적 후유증

아이가 성폭행으로 겪는 고통도 크지만 성인이 되면서 겪는 후유증이 더욱 심각하다. 후유증은 아이의 나이에 따라 다양하게 나타나는데 흔히 다음과 같은 증세를 보인다.

첫째, 성폭행을 당한 아이들은 불안과 공포에 시달린다. 집밖에 나가지 않으려 하고 낯선 사람에게 적대감을 갖는다. 대인 공포증에서 시달리거나 잠자는 것을 두려워할 뿐만 아니라 잘 때도 불을 켜놓으려고 한다. 또한 깊게 잠들지 못하고 악몽에 시달려 자다가 자주 깨고 잠자리에 오줌을 싸기도 한다.

둘째, 자신이 저지른 일이 아닌데도 뭔가를 잘못했다는 자책감과 절망감에 빠진다. 스스로 못된 아이라는 죄책감을 느낀다. 일상생활 전반이 위축되어 자신감을 상실하고 우울증에 걸린다. 이런 상태가 계속되면 자살까지 이어질 수 있다.

셋째, 사람에 대한 불신감이 커진다. 어른에 대해, 혹은 아는 사람에 대한 신뢰감이 깨졌기 때문에 그에 따른 분노와 적대감이 파괴적이고 반항적인 행동으로 나타나는 경우가 있다. 분노의 대상은 가해자이지만 자신을 성폭행에서 보호하지 못한 가족, 이웃, 친구, 선생님에게도 분노와 적대감이 생긴다.

넷째, 장기적 후유증으로, 정상적으로 성생활을 하지 못하거나 반대로 자포자기하여 문란한 성관계를 가질 수도 있다.

성폭행에 대한 조치

아이가 성폭행으로 인해 고통을 받고 있으면 죄책감과 자책감에서 벗어나도록 해주어야 한다. 아이에게 성폭행 자체는 아무것도 아니라는 것을 인식시키고 인간과 현실에 대한 신뢰감을 회복시켜준다. 우울증, 죄의식으로부터 벗어나게 하기 위해 부모나 주변 사람들이 노력해야 한다. 성폭행으로 고통 받는 아이들을 위해 어떻게 해야 할까 알아보자.

첫째, 어머니가 아이를 따뜻하게 감싸주어야 한다. 혹시라도 꾸중을 하거나 마치 아이의 인생이 끝난 것처럼 괴로워하는 모습을 아이 앞에서 보이지 않도록 해야 한다.

둘째, 성폭행 당시 무서워서 도망치거나 소리를 질러서 자기 방어를 못했다고 자책할 수 있다. 아이가 죄의식, 죄책감 등의 감정에서 벗어나도록 사고 당시 아이가 취한 행동을 긍정적으로 인정해줘야 한다. "그때 넌 어쩔 수가 없었어!" 라며 아이에게는 잘못이 없었음을 말해줘야 한다.

셋째, 성폭언을 행한 사람들은 자존감이 약하고 비겁한 사람들이라는 것을 인지시켜주고, 말로는 그들이 협박을 했더라도 실제로는 겁이 많아 그런 행동을 못한다고 안심시켜준다. 만약 그 사람을 또 봤을 때에는 무조건 피하지 말고 주위 사람들의 도움을 요청하거나 경찰서에 신고하도록 가르친다.

넷째, 단기 약물 투여를 통해 정서 심리 불안, 불면, 악몽 증상을 완화시켜준다.

성폭행의 예방책

성폭행의 예방교육은 아이를 성적으로 자극하지 않는 범위에서 아이 스스로 자신을 보호할 수 있도록 교육하자는 데 목적이 있다. 미국에서는 학부모들의 참여나 도움을 받아 성폭행의 가상적 상황을 인형놀이로 만들어 예방훈련 교육을 실시하고 있다. 우리나라에서도 학부모들과 학교가 협조 체제를 구축해 성폭행을 예방해야 하며, 다음과 같은 훈련 방식을 참고하면 도움이 될 것이다.

1. 아이에게 성폭행이 구체적으로 무엇인지 인지시키고 교육시킨다.
2. 낯선 사람이나 주변 사람들이 유혹할 때 주로 쓰는 방법을 알려주고, 그들의 접근을 경계하도록 가르친다.
3. 수상한 사람이 나타났을 때 부모나 선생님, 주변 사람들에게 알리는 교육을 시킨다.

4. 옷차림은 단정하게 하고 혼자서 공원이나 공중 화장실 근처에서 놀지 말도록 하여 성폭행이 일어날 수 있는 상황을 사전에 막는다.
5. 성적 행위를 가해올 땐 단호하게 "안 돼!" 혹은 "싫어!"하고 거부하거나 피하는 방법을 알려준다.
6. 위기 상황에서 소리치기, 도망하기, 전화하기 등의 탈출 방법에 대해 교육한다.

아이가
비만이에요

날이 갈수록 뚱뚱한 아이들이 늘어나고 있다. 생활 방식이 편리해진 덕분에 운동량은 감소하는데 섭취하는 칼로리가 높다 보니 비만이 생기는 것이다. 부모들의 책임도 크다. 부모들은 아이가 뚱뚱해도 성장과정의 자연스러운 단계일 뿐, 자라면 괜찮아질 것이라고 안이하게 생각한다. 그런가 하면 다이어트 열풍이 불면서 부작용도 있다. 청소년들이 허위 광고를 보고 무분별한 다이어트를 하다가 체력 저하나 영양실조, 생리 불순 등의 부작용이 나타나 또 다른 치료를 받아야 하는 경우가 증가하고 있다.

비만이란 섭취한 칼로리가 소비된 양보다 많을 때 남은 영양소가 지방으로 전환되어 체내에 축적되는 현상이다. 아이의 비만이 발생하는 시기는 1세 미만, 5~6세, 사춘기이며, 이때 지방 세포수가 증가하고 크기가 커진다. 한 번 생긴 지방 세포는 체중을 감량해도 크기가 줄어들 뿐 그대로 남게 되므로 성인이 된 후 다시 살이 찔 가능성이 높다.

비만 측정법

비만 여부는 눈으로 봐도 알 수 있다. 그러나 골격이 크고 근육 조직이 풍부해서 뚱뚱해 보이는 것을 비만으로 오진할 경우도 있다. 다음은 비만의 정도를 평가하고 측정하는 방법이다.

1. 체지방 측정기로 직접 체지방을 측정해 비만의 정도를 평가한다.
2. 신장과 체중을 대비한 비만도, 체질량 지수 같은 간접적인 측정법을 이용하여 평가한다. 신장이나 연령, 성별 기준으로 표준체중보다 20퍼센트 이상 체중이 더 많은 경우를 비만이라고 한다.
3. 비만도가 20~30퍼센트면 경도 비만, 30~50퍼센트면 중등도 비만, 50퍼센트 이상이면 고도 비만으로 분류한다.
4. 체지방 지수는 체중을 키의 제곱으로 나누어 계산하며 성인 기준으로 볼 때 20~25를 정상, 25~30을 과체중, 30 이상을 비만으로 판정한다.
5. 비만을 정확하게 평가하기 위해 총지방량과 상관관계가 높은 피부 두께 측정법이 주로 사용된다.
6. 허리/둔부의 둘레 비, 체지방률 측정기와 초음파, 전산화 단층 촬영 등도 진단에 이용된다.

비만의 원인

　과식이나 운동 부족에 의해 생기는 비만을 단순성 비만, 내분비계나 신경계 질환 같은 질병에 의한 경우를 증후성 비만이라 한다. 비만아의 99퍼센트 이상은 단순성 비만으로 특별한 원인 질환을 찾을 수 없으며 증후성 비만은 지능장애와 성장장애를 동반하는 경우가 많다. 특별한 이유 없이 살이 찌거나 다른 증상이 함께 나타난다면 갑상선 기능저하증 등과 같은 질병으로 인한 비만을 생각해봐야 한다. 비만아가 키가 너무 작을 때에는 원인 질환이 있는지 찾아본다. 팔, 다리보다 주로 복부에 지방이 축적되는 복부 비만은 합병증을 동반하기 쉬우므로 문제가 된다. 비만의 원인으로 다음과 같은 요인들을 꼽을 수 있다. 어느 한 가지 원인 때문이라기보다는 여러 원인이 몇 달, 혹은 몇 년 동안 복합적으로 작용하여 발생하게 된다.

1. 최근에 비만아가 급증하는 이유는 과거에 비해 열량이 많은 식품을 섭취하기 때문이다.
2. 과외나 학원 수업 때문에 아이들이 운동할 시간이 없으며 텔레비전, 전자게임, 컴퓨터 등을 하면서 앉아서 보내는 시간이 많기 때문이다. 운동량이 부족하여 소비되는 에너지보다 섭취하는 에너지가 많은 것이 직접적인 원인이다. 많이 먹지 않아도 살이 찌고 또 물만 먹어도 살이 찌는 체질이라고 말하는 사람도 있지만, 운동량이 부족하면 에너지 소모가 감소하여 많이 먹지 않아도 비만이 될 수밖에 없다.

3. 아침을 거르는 등 불규칙한 식사와 야식, 폭식 등의 잘못된 식사 습관이 비만을 조장한다.

4. 비만아들은 라면, 햄, 소시지 같은 인스턴트식품과 햄버거, 피자 등의 패스트푸드, 청량음료를 선호한다.

5. 스트레스가 심하거나 부모의 사랑과 관심을 받지 못하면 이를 해소하기 위해 과식을 하게 되어 비만아가 된다. 때로 아동기의 비만은 내분비 및 신경질환, 약물 등의 원인으로 작용할 수도 있다.

6. 모유보다 분유를 먹인 아이가 비만이 되기 쉬우며, 조기에 이유식을 하게 되면 체중이 금방 늘어나서 비만이 될 수 있으므로 적어도 3개월이 되기 전에는 이유식을 주지 말아야 한다.

7. 텔레비전 시청 시간이 1시간 늘어날 때마다 비만 발생률은 2퍼센트씩 증가한다. 부모의 과보호와 무관심이 비만의 요인이 된다.

8. 불안, 고민, 슬픔 등과 같은 각종 스트레스는 정상적으로 식욕을 억제하지만 비만아에게는 오히려 과식의 원인이 된다.

9. 부모가 모두 비만일 경우 자식이 비만이 될 가능성은 80퍼센트가 넘으며, 부모 중 어머니가 비만일 경우는 60퍼센트, 아버지가 비만일 경우는 40퍼센트가 비만아가 되며, 부모가 모두 비만이 아니면 자식이 비만이 될 가능성은 9퍼센트이다.

비만은 유전적 소질을 갖고 있는 사람이 비만을 일으키기 쉬운 식생활 및 생활환경에 노출되었을 때 발생된다. 최근 비만의 원인과 치료에 중요한 역할을 하는 새로운 비만 조절 유전자가 발견되어 귀추가 주목된다. 대부분 비만아는 같은 나이의 정상 아이보다 체중과 키가 더 크고, 골 연령이 증가되어 있다. 손이 작아 보이며 여아는 둔부에, 남아는 몸통 부위에 주로 지방이 축적되고 심하면 다리 전체에 축적된다. 특히 고도 비만아는 배가 많이 나와서 피부에 줄이 선명하게 나타나며, 복부의 과다한 지방 조직 때문에 음경이 묻혀 사춘기의 발육이 늦다고 오해하기 쉬우나 계측치는 정상이다. 여아의 경우 가슴 부위에 지방이 증가해 가슴이 커 보여 부끄러워하기도 한다. 심한 경우에는 무거운 몸무게를 지탱하는 무릎 관절이나 척추 등의 통증을 호소하기도 하는데, 이 때문에 대퇴골두 골단 분리증, 관절염 등이 생길 수 있다. 극심한 비만아들은 폐활량이 감소되어 산소 부족으로 두통에 시달리고 밤에는 잠을 제대로 못 자서 항상 잠이 부족한 상태이다. 그런가 하면 아랫배와 두 허벅다리가 이어진 부분에 자주 화농이 생기고 피부 색깔도 변한다.

중등도 이상의 심한 비만아들은 고지혈증, 고혈압, 동맥경화, 지방간, 당뇨병 같은 합병증을 동반하는 경우가 많으며 대부분 성인 비만으로 이어진다. 비만이 되면 운동 능력이 떨어지고 몸매에 열등감을 갖게 되어 정서 불안이나 소외감, 창피함을 느껴 아이의 정서에 나쁜 영향을 미친다. 비만아의 가정을 살펴보면 과보호하는 경향이 있어서 자발성이나 적극성이 부족하고 내성적 성격을 가진 경우가 많다. 신체적 열등감, 정서적 불안으로 인해 학습장애를 초래할 수 있으며, 거식증이나 폭식증과 같은 식이장애를 동반할 수도 있다.

비만 관리법

비만은 조기 발견과 치료, 그리고 예방이 중요하다. 치료 목적은 체중 감소뿐만 아니라 비만을 일으킬 수 있는 식생활 습관을 바로잡아 정상적인 체중을 평생 동안 유지하는 데 있다. 치료에는 식이요법, 운동요법, 행동요법이 있다. 잘못된 식사 습관 및 생활 습관을 고치는 행동요법이 가장 효과적이며, 이때 식이요법과 운동요법을 병행하는 것이 바람직하다.

1. 식이요법

식이요법만 실시해도 체중이 감소하고 체지방률이 떨어지지만 근육이 감소하고 무기질 특히 칼슘의 감소로 심장 기능에 이상을 일으킬 수 있으므로 아동기에서는 심한 비만이 아니면 과도하게 식사를 제한할 필요가 없다. 하지만 중등도 혹은 고도 비만아의 경우에는 경도비만의 체중이 될 때까지 식사량을 줄여야 한다. 식사는 규칙적으로 하루 세 끼 균형 있는 식사를 하는 것이 좋다.

식사를 거르게 되면 공복감이 커져 폭식을 하게 되며, 신체가 에너지를 저장하도록 자극하여 체지방이 늘어나게 된다. 열량이 적고 비타민과 무기질이 많은 야채나 채소, 김, 미역 등의 해조류로 다양한 요리를 개발하여 질리지 않게 먹도록 한다.

열량이 높은 패스트푸드나 인스턴트식품, 가공식품은 되도록 적게 먹도록 한다. 기름으로 볶거나 튀긴 음식보다는 찌거나 삶은 음식이 좋고, 짜거나 매우면 식욕이 더 자극되므로 싱겁게 요리한다. 청량음료,

아이스크림, 도넛, 튀김, 피자, 햄버거 등을 되도록 적게 먹도록 한다. 저녁 식사는 8시 전에 끝내고 그 이후에는 간식을 주지 않는다. 식사를 할 때는 20분 이상에 걸쳐 천천히 하며 음식은 꼭꼭 씹어 먹게 한다.

2. 규칙적인 운동요법

비만 치료에는 규칙적인 운동을 하는 것이 중요하다. 아동기는 신체 발육과 성장이 왕성한 때이므로 열량 제한을 심하게 하는 것은 위험하다. 단기적인 감량은 쉬워도 장기적인 재발이 문제가 되는 것이 비만인데, 운동은 장기적인 체중 조절에 매우 효과적이다. 특히 걷기나 조깅, 계단 오르기, 자전거 타기, 줄넘기, 수영, 스케이트 등 유산소 운동을 하는 것이 좋다. 규칙적인 유산소 운동은 심폐기능을 향상시키고 안정 및 운동 시에 고혈압 환자의 혈압을 낮추며, 심장 박동 수와 심근의 산소 요구량을 감소시킨다. 운동을 하면 정신적으로 긴장과 불안이 해소되고 삶의 의욕과 자신감이 생긴다. 하루 한 시간 이내의 규칙적인 운동은 식욕을 감소시킨다는 장점도 있다. 무산소 운동인 역도, 단거리 달리기 등은 힘이 들어 고도 비만아들에게는 무리이며 오랫동안 지속하기 어렵다. 운동은 일주일에 3~5일, 매일 1시간씩 규칙적으로 하는 것이 좋다.

3. 일상생활 습관

일상에서 활동량을 늘리는 것이 체중 조절에 가장 효과적이다. 가까운 거리는 걸어 다니고, 엘리베이터 대신 계단을 이용하며, 텔레비전이나 비디오 보는 시간, 컴퓨터 게임을 하는 시간을 하루 한두 시간으로 제한한다. 아이에게 심부름을 시키고 가사를 돕도록 하는 등 신체를 부지런히 움직이도록 유도한다. 규칙적인 운동을 할 수 없는 경우에는 하루에 2시간씩 밖에서 친구들과 마음껏 뛰어 놀게 하는 것으로 비만을 예방하고 치료할 수 있다. 놀이는 운동 프로그램보다 비만에 효과적이다.

사실 비만을 위한 체중 감량이 꼭 필요한 것이 아니다. 현재의 체중을 유지하고 있으면 사춘기 후에 신장이 급격히 커지므로 중등도 이하의 비만은 대부분 비만도가 저하되는 것을 볼 수 있다. 사춘기가 지난 청소년에게 합병증을 동반한 심한 비만이 있을 때에는 한 달에 1킬로그램씩 감량하는 것이 바람직하다. 만약 1년 동안 5킬로그램의 살이 쪘다면 1년 동안 5킬로그램을 감량하는 것이 좋다. 단기간에 무리해서 체중을 감량하면 다시 살이 찌는 요요현상이 나타나기 쉽다. 1세 미만 아이의 비만은 걱정할 필요가 없으며 대부분 돌이 되면 정상적인 체형이 된다.

그러나 3세가 된 후에 비만이라고 생각되면 체중을 3개월 간격으로 측정하며 평가해봐야 하다. 비만아를 위한 치료에 단식, 건강보조식품, 약물, 수술 등은 금기이다. 무조건 굶는 단식을 하면 단기간의 체중 감소 효과는 있지만, 지압과 근육이 각각 반반씩 빠진다는 것을 유념해야 한다.

아이들은 의지가 약하여 체중 조절에 실패할 확률이 높다. 부모를 비롯하여 가족 전체가 잘못된 식생활 습관을 바로잡아서 규칙적으로 함께 운동을 해야 한다. 이 시기의 비만은 치료가 어렵고 성인 비만으로 쉽게 이행하기 때문에 비만을 예방하기 위해서는 올바른 식사 습관과 생활 습관을 유지하고, 균형 있는 음식 섭취와 매일 적당한 운동을 실시하는 것이 중요하다.

게임에
빠져 있어요

　　인간은 놀이나 놀이 문화를 통해 자신의 삶을 윤택하게 한다. 어떤 사람들은 놀이가 시간을 허비하는 것에 불과하다며, 부정적인 측면만을 떠올리는 경향이 있는데, 이는 편견이다. 정신적으로 건강한 사람은 누군가를 사랑할 줄 알고, 일할 줄 알며, 놀 줄 아는 사람이라는 말도 있듯이, 생활에서 중요한 부분이 바로 놀고 즐기는 것이다. 특히 성장기에 있는 아이들은 세상을 이해하고 배우며, 놀이를 통해 억눌렸던 감정을 해소하고 상상의 세계를 넓혀 나간다. 또한 놀이를 통해 친구를 자연스럽게 사귈 수 있다. 부모들은 아이들에게 놀이가 성장하는 과정이고 공부라는 것을 깨달아야 한다.

놀이는 학습의 연장이다

놀이는 다음과 같은 점에서 학습의 연장이라 할 수 있다.

1. 아이는 놀이나 놀이에서 맡는 역할을 통해 성인의 사회적 역할을 연습하게 된다. 예컨대, 소꿉놀이는 여성성과 남성성의 성 역할로 정체성을 깨우치게 해준다.
2. 자신을 둘러싸고 있는 환경을 배우고 탐험하여 적응력을 키우게 한다.
3. 아이의 문제 해결 능력을 안전하게 실험할 수 있다.
4. 공격성이나 사랑 등의 본능적 욕구를 표현하고 충족시키는 방법을 터득할 수 있다. 인형놀이나 동물놀이 등을 통해 공격성, 사랑받고 싶은 욕구를 표현한다.
5. 자신의 의지와 상관없이 어떤 일을 당했던 경험을 능동적으로 극복해 나가는 방법을 배울 수 있다. 예를 들면, 병원놀이가 있다.
6. 자신의 공상이나 갈등을 상징적으로 표현할 수 있는 기회를 갖게 한다.
7. 게임 규칙을 통해 사회 규칙이나 공통적 규범을 재미있게 깨우칠 수 있다.

비디오와 컴퓨터 게임의 영향

요즘 부모들은 아이들의 다음과 같은 문제로 걱정한다.

"아이가 오락실에 너무 자주 가요."

"온종일 컴퓨터 앞에 붙어 있어요."

"인터넷 중독인 것 같아요."

"닌텐도 증후군에 걸리면 컴퓨터 게임 중에 경기를 일으키기도 하나요?"

"벌써 음란물을 보지 뭐예요."

"맨 날 게임만 하더니 아이가 공격적이 되었어요."

어머니들이 이렇게 걱정하는 놀이인 컴퓨터 게임을 아이들은 가장 즐겨하고 있다. 그렇다면 어머니들이 우려하는 것처럼 컴퓨터 게임은 부정적인 면만 갖고 있는 것일까?

사실 이것을 교육적으로 잘 활용하면 아이들이 얻을 수 있는 유익한 점들이 많이 있다.

첫째, 컴퓨터 게임이란 두뇌, 눈, 손가락의 협동 조작 훈련이므로 아이의 두뇌 발달과 섬세한 운동 기능 개발에 좋다. 컴퓨터 게임이란 움직이는 화면을 보면서 두뇌로 판단해 손으로 작동하는 게임이므로 놀이를 통해 두뇌 자극이 활발히 이루어지기 때문이다.

둘째, 게임 규칙을 지키면서 인내심을 기른다. 게임은 프로그램화된 규칙이 있으므로 이를 통해 규칙과 게임의 원리를 터득하게 되어 과학적 사고체계가 발달하게 된다.

셋째, 게임을 통해 성취감을 느낀다. 아이는 게임에 능숙해지면 이런 경험을 통해 자신도 뭔가 할 수 있다는 자신감과 성취감을 맛보게 된다.

넷째, 게임 내용이 교육적일 때는 새로운 미지의 세계를 탐험하고 놀이를 통해 현실 세계를 이해할 수 있다. 아이가 직면해 있는 문제를 해결하는 데 도움이 될 수 있다.

다섯째, 컴퓨터를 통해 풍부한 지식과 정보에 접하게 되므로 자발적인 학습 동기를 갖게 되고 세상을 보는 안목이 넓어진다.

이와 같은 컴퓨터 게임의 이점을 활용하려면 부모는 아이가 어떤 컴퓨터 게임을 하는지 관심을 가져야 한다. 부모들이 인터넷이나 컴퓨터 게임을 무조건 나쁜 것으로 인식하여 못하게 통제하는 것은 오히려 역효과를 낳는다. 다만 아이가 지나치게 몰입하면 문제가 될 수 있으므로 적정선에서 통제하는 지혜를 발휘해야 한다.

비디오와 컴퓨터 게임의 부정적인 영향

우리의 부모 세대들은 골목에 모여 노는 것이 놀이 문화의 전부였다. 그러나 요즘의 놀이 문화는 많이 달라졌다. 예전에는 상상할 수 없었던 온라인 게임이나 인터넷이 일반화되었고 이것을 아이들이 척척 다루며 즐기고 있다. 요즘 아이들은 각종 학원에 다니느라 개인적인 시간이 없다. 그러다 보니 또래들과 어울리지 못한다. 그래서 컴퓨터 앞에 앉아 기계 속의 가상공간에서 놀게 되는 것이다. 놀이 대상이 사람이 아닌 기계가 되어가는 것은 아이들의 정서적인 면에서 보면 일종의

위기 상황이다. 아이들이 게임과 인터넷에 지나치게 몰입할 경우 생길
수 있는 문제점을 살펴보면 다음과 같다.

1. 혼자 노는 놀이

컴퓨터 게임의 가장 큰 문제는 놀이의 주체가 아이들이 아니라 이미
정해진 프로그램이고, 놀이 대상이 사람이 아닌 기계라는 것이다. 곧
과거의 아이들은 함께 놀면서 상상력과 창의력을 길렀는데, 이 기회를
기계가 빼앗아간 것이다. 놀이를 통해 자연스럽게 배울 수 있었던 동료
의식과, 그것을 통해 얻을 수 있었던 사회성 발달의 기회를 상실하게
되었다. 자칫 친구가 없이 기계와 노는 아이가 되거나 자기중심적 사고
를 갖게 될 수도 있다.

2. 폭력성과 음란성

아이들이 즐기는 게임을 살펴보면 대개 미국이나 일본에서 만든 것
으로 다분히 폭력적이고 선정적인 것이 많다. 인터넷 또한 상업성에 물
들어 있는 것들이 대부분이어서 아이들의 정서 발달에 심각한 문제를
야기시킨다. 음란 사이트 외에도 각종 엽기 사이트, 자살 사이트, 동성
애 사이트 등은 호기심을 자극하여 아이들을 유혹한다. 상대방에게 노
출이 안 된다는 이유로 인터넷상에서 오가는 욕설이나 상대방에 대한
무차별 공격은 인격이 형성되는 단계에 있는 아동기에 심각한 문제를
일으킨다. 가뜩이나 모방 심리가 강한 아이들이 폭력적인 가치 체계나
왜곡된 성 지식을 배울 수 있기 때문이다.

3. 건강 손상

장기간 컴퓨터에 몰두할 경우 건강에 이상신호가 나타난다. 운동부족으로 인한 비만, 시력장애, 전신 피로감이 주로 생기게 된다. 특히 VDT증후군이라고 불리는 컴퓨터 작업으로 인한 증상, 곧 목이나 어깨 결림 등을 불러오는 근골격계 이상, 눈의 피로와 뻑뻑함, 정신적인 무력감이 문제가 될 수 있다. 원인으로 컴퓨터의 장시간 사용, 나쁜 자세, 잘못된 환경 등을 들 수 있다. 게임 중에 나오는 전자파가 인체에 미치는 영향도 우려되는 부분이다. 얼마 전 몇몇 아이들이 비디오 게임 중에 간질 발작을 일으켜 사회적으로 문제가 된 적이 있다. 이것은 '닌텐도 증후군'(컴퓨터 오락에 지나치게 몰입하면서 생기는 발작현상) 때문인데, 모니터에서 순간적으로 나오는 강한 빛이 원인이다. 불을 끈 채 깜깜한 곳에서 컴퓨터를 하지 않는다면 간질의 소인이 없는 한 99퍼센트 이상의 건강한 아이에게 이것은 별 문제가 되지 않는다.

4. 정보의 신뢰성

인터넷에서 교환되는 정보는 신뢰성에 문제가 있다. 최근에 사례를 보듯이 모 여중생 폭력 사건이나 장애인 구타 사건처럼 인터넷상에서 떠도는 과장된 소문이나, 의도적으로 연예인에 관련된 소문을 지어내서 올리는 경우가 많다. 판단력이 부족한 초등학생들의 경우 그 영향이 더 크며 인격 발달의 저해 요소로 작용한다.

5. 게임과 인터넷 중독증

인터넷 게임에 몰두하여 일상생활이나 교우관계, 대인관계 등에 지장을 받는 일이 늘어나고 있다. 게임을 못하게 하면 다시 하고 싶어서 안절부절못하는 일종의 금단 현상이 나타난다. 30~40분이 지나도 쉬지 않고 게임이나 인터넷에 빠져 있는 경우를 가리켜 게임 중독증, 또는 인터넷 증후군이라 한다.

컴퓨터 게임 중독

기존의 컴퓨터 게임 중독 증상의 진단 기준은 성인이나 청소년을 대상으로 한 것이었으나, 소아정신과에서 사용하기 위해 아동용으로 바꾸어놓은 진단 기준이 있다. 아래의 10가지 항목 중 1개 이상이면 문제 행동의 징후가 있는 것으로 보고, 3개 이상이면 중독되었다고 진단할 수 있다.

1. 인터넷 게임과 관련해 부모가 통제를 해도 조절이 되지 않는다. 사용시간을 줄이겠다고 약속하지만 거의 지키지 못한다.
2. 인터넷이나 게임을 하기 위해 거짓말을 한다. 컴퓨터 사용시간을 줄여서 얘기하거나 PC방 사용료를 구하기 위해 돈을 훔친다.
3. 인터넷이나 게임을 하느라 밤늦게 자거나 식사를 거른다.
4. 친구들을 직접 만나는 것보다 온라인상의 친구를 더 선호하여 교우관계에 변화가 온다.
5. 학교에 가지 않고 PC방에 가거나, 밤늦게 자기 때문에 지각을 하고 학교에서 존다. 시험을 앞두고도 절제가 되지 않는다.

6. 집에 오자마자 인터넷이나 게임에 매달린다.

7. 인터넷이나 게임을 하는 시간이 점점 늘어난다.

8. 인터넷이나 게임을 하지 않을 때에도 그것에 대한 생각에 빠져 있다. 수업 중에 인터넷과 게임에 대한 생각 때문에 학습에 집중 하지 못한다.

9. 인터넷이나 게임 사용시간을 강제로 줄이면 아이가 무력해지고 안절부절못한다. 곧 컴퓨터 금단 현상이 나타난다.

부모의 점검리스트

비디오 게임이나 인터넷을 하면서 생길 수 있는 문제에 대해 다른 놀이나 사회성을 개발할 수 있는 방식으로 보충하고 보완해주어야 한다. 흥미 있는 교육용 비디오 게임이나 인터넷을 부모가 선택해준다면 이것은 아이에게 지능과 학습 발달은 물론 정서 발달에 유익한 놀이가 될 수 있다. 특히 인터넷 같은 가상공간은 이미 사회 현상으로 자리잡 아가고 있으므로 무조건 금지하기보다 긍정적 측면은 인정하되, 부정 적 해악으로부터 아이들을 지켜주어야 한다. 최선의 방법은 부모가 직 접 컴퓨터 놀이에 참여하는 것이다. 특히 아버지와 같이 게임을 하거나 인터넷을 한다면 부자간의 정이 한결 두터워질 것이다. 아이로 하여금 부모도 컴퓨터를 잘 안다는 인식을 갖게 해야 한다.

다음은 부모가 점검해야 할 사항들이다.

1. 컴퓨터를 거실과 같은 공개된 공간에 배치하고, 30분에 한 번씩 은 꼭 쉬도록 한다.
2. 자세가 올바른지, 조명은 적당한지, 어두운 곳에서 컴퓨터를 사용하는 것은 아닌지 점검한다.
3. 아이가 컴퓨터로 무엇을 하는지, 아이가 어떤 비디오테이프를 갖고 있는지, 어떤 자료가 있는지, 혹시 불법 CD 등이 있는지 주기적으로 확인한다.
4. 자신의 개인 정보 유출에 대한 경각심을 심어준다. 가급적 가명이나 아이디를 사용하고, 자신의 사진이나 주소 등 개인 정보를 인터넷에 올리지 않도록 한다.
5. 인터넷을 통해 알게 된 사람을 부모에게 소개하고 부모의 허락없이 만나지 않도록 한다.
6. 채팅을 할 때는 함부로 욕을 하거나 남의 흉을 보지 않도록 반드시 인격교육을 시킨다.
7. 인터넷 유해정보차단 프로그램을 설치한다.
8. 차단이 불가능할 경우 아이가 이상한 사이트에 접하거나, 의심나는 전자우편을 받으면 부모에게 알리도록 한다.
9. 수상한 곳에서 파일을 내려 받지 않도록 교육시킨다.
10. 부모의 허락 없이 물품을 주문하지 않도록 하며 부모들은 신용카드를 잘 관리해야 한다.

컴퓨터 사용은 부모가 동참하거나 관리해야 한다는 개념을 아이에게 심어주는 것이 중요하다.

친구들을
괴롭혀요

　주변 사람들을 괴롭히는 아이들이 있다. 특히 또래 아이들과 문제를 일으키며 아무런 양심의 가책이 없이 기존의 규칙이나 질서를 파괴하는 행동을 하는, 한마디로 행동 통제가 전혀 안 되는 아이이다. 이러한 증상을 행동장애 혹은 품행장애라고 하며 초등학교 고학년 학생들에게 많이 나타난다. 그리고 사춘기까지 이런 행동이 이어지면 심각한 사회 문제를 일으키는 비행 청소년이 된다.

　학교 내의 조직적 폭력, 금품 갈취, 절도, 무단결석 등의 문제가 사회적인 문제로 대두되고 있다. 보통 사람들은 단지 아이가 문제 행동을 하는 것으로 보지만 소아정신과에서는 품행장애나 행동장애 때문으로 보고 있다.

행동장애

미국 정신의학회의 진단지침에 의하면 다음과 같은 증상을 보일 경우 행동장애를 의심해봐야 한다.

1. 주변 사람들이나 동물들에게 공격적인 행동을 한다.
- 주변 사람들을 자주 괴롭히고 협박한다.
- 주변 사람들에게 먼저 시비를 걸거나 싸움을 건다.
- 칼이나 몽둥이 같은 위험한 무기를 사용한다.
- 스스로 자신의 몸에 학대를 가한다.
- 동물을 괴롭힌다.
- 남의 물건을 강제로 빼앗는다.
- 성행위를 강요한다.

2. 남의 재산을 파괴한다.
- 고의적으로 불을 지른다.
- 기물을 파괴한다.

3. 사기 또는 절도를 저지른다.
- 다른 사람의 집이나 건물, 자동차에 손상을 입힌다.
- 물건을 자주 훔친다.

4. 중대한 규칙을 위반한다.

- 외박을 자주 한다.
- 2번 이상 무단가출한 적이 있다.
- 무단결석을 자주 한다.

행동장애의 원인

　행동장애의 원인은 한마디로 설명하기 어렵다. 아동마다 상황이 다르기 때문에 개별적으로 원인을 조사해봐야 한다. 분명한 것은 어느 날 갑자기 행동장애가 생기는 것은 아니라는 점이다. 아동 자체의 선천적인 문제, 아동이 속한 가정의 문제, 더 나아가 사회적 문제 등 원인은 매우 광범위하다.

　첫째, 아이의 타고난 성격으로 인해 산만하고 충동적이며 과잉행동을 보인다.

　둘째, 남성 호르몬이 많이 분비되고 뇌신경 전달물질 중의 하나인 세라토닌이 부족하여 충동성 · 공격성 조절에 장애가 발생하는 것은 생리 의학적 요인 때문이다.

　셋째, 폭력을 사용하며 아이의 행동을 통제하지 않고 그대로 내버려 두는 가정, 지나치게 빈곤하고 형제가 많아 부모가 보살펴줄 수 없는 가정, 부모가 알코올 중독이거나 애정이 결핍된 가정환경 때문이다.

　넷째, 주거 환경이 유흥가이거나, 비행 청소년들과 쉽게 어울릴 수 있는 열악한 주변 환경 때문이다.

다섯째, 폭력을 정당화 내지는 미화시키는 사회적 분위기나 텔레비전이나 영화의 폭력 장면을 쉽게 접해서 모방심리와 영웅심리가 생기기 때문이다.

행동장애의 예방 및 치료

오늘날처럼 다양한 문화가 공존하는 사회에서 청소년 비행은 예방이 최선책이다. 이미 습관처럼 행동이 굳어져버린 청소년을 치료하기란 쉽지 않기 때문이다. 위에 열거한 원인인 환경, 곧 부모의 역할과 가정의 분위기, 아이들이 몸담고 있는 환경을 개선해야 한다. 아이의 타고난 기질 때문이라기보다는 부모의 인격이 원인인 경우가 대부분이다. 아울러 행동장애아를 조기에 발견하여 치료하는 일도 병행해야 한다. 곧 비행 청소년이 될 가능성이 높은 아이를 학교 선생님이나 부모가 조기에 발견하여 전문가와 상담하고 해결 방법을 찾는 것이다.

흔히 학교에서 아이가 문제를 일으켰다고 통보받았을 때 부모들은 "우리 아이가 그럴 리가?" 하며 화를 내거나 잘잘못을 따지려는 경향이 있다. 부모들은 자기 자식을 가장 잘 알고 있다고 생각하고 있지만 의뢰로 잘 모르는 부분이 많다. 그러다 보니 아이의 잘못이 명백해지면 오히려 집안을 망신시켰다는 이유로 무조건 아이를 꾸중한다. 하지만 이런 태도는 오히려 사태를 악화시킬 수 있다. 꾸중하고 질책하기보다는 좀 더 다각적인 측면에서 문제를 분석하고 원인을 찾아내려고 노력해야 한다. 부모가 자녀를 대할 때 인격적이고 합리적으로 대하지 않는다면 문제 해결의 길은 멀다.

　행동장애를 가진 아동들은 대개 다른 사람과의 애착 형성이 힘들기 때문에 외로워한다. 설령 대인관계에 애정을 보인다 해도 피상적일 뿐이다. 이런 아이들은 겉보기에 강하고 거친 것 같지만 사실은 심한 열등감에 빠져 있다. 아이가 문제 행동을 할 경우 어른들은 '왜 이 아이가 그런 행동을 했을까? 이 아이가 그런 행동을 한 의도는 무엇일까?' 하는 의문을 가지고 아이가 문제 행동을 하는 심리적 동기를 파악해 문제점을 찾아야 한다. 부모는 혹시 우리 아이가 주의력 결핍 과잉행동장애아는 아닌지, 학습능력이 떨어져서 학교생활에 흥미를 잃은 것은 아닌지 관심을 가져야 한다. 또한 학교 친구들로부터 따돌림을 당하거나 우울한 아이는 아닌지, 부모가 아이를 다루는 태도나 양육방법에 문제점은 없는지, 아이에 대한 관심과 사랑이 부족했던 것은 아닌지, 아이에게 나쁜 영향을 주는 친구나 주변 환경에 문제는 없는지, 전에 사고로 머리를 다친 적이 있는데 혹시 뇌 손상을 입어 아이가 충동을 조절하지 못하게 된 것은 아닌지 등을 면밀히 살펴야 한다.

　병이란 것이 다 치료가 중요하긴 하지만 특히 행동장애는 치료를 서두르는 것이 좋다. 소아정신과를 방문하여 뇌 손상에 대한 의학적인 검사는 물론 지능 검사를 포함한 심리검사 등을 통해 원인을 찾아야 한다. 아이의 충동 조절을 위해서는 일시적인 약물 투여, 가족 치료 등을 시행해야 한다. 행동장애를 치료하려면 부모를 비롯한 가족구성원들과 선생님, 정신과 의사가 서로 협조해야 한다. 그러므로 학교에서의 활동과 교우관계, 부모님의 인격과 가족 구성원들 간의 상호관계, 부모의 양육 태도와 대화방식 등 다양한 측면에서 원인을 조사해야 한다.

행동장애와 유사한 증상을 보이는 장애로 '적대적 반항장애'oppositional defiant disorder가 있다.

반항장애

고집이 세서 아무리 꾸중을 해도 나쁜 버릇을 고치지 않고, 윗사람에게 대들어 매를 맞아도 전혀 달라지지 않는 아이들이 있다. 이런 증세를 보이는 아이들을 반항장애라고 하는데, 놀이 치료를 하는 과정에서도 지시자를 따르지 않을 정도이다. 이런 아이들에게는 칭찬이 효과적인 치료 방법이다. 아이의 불만을 모두 들어주고 반항적인 행동에 대해 설명할 기회를 주면 아이가 긍정적으로 변화될 수 있다. 이때 바로 칭찬해주는 것이 중요하다.

반항장애의 구체적 증상에 대한 이해를 돕기 위해 미국 정신의학회의 진단 지침에 열거된 대표적 증상을 소개하겠다.

- 다른 형제들보다 유난히 화를 잘 낸다.
- 어른의 가르침을 듣기보다 따지기부터 한다.
- 어른의 지시나 규칙을 잘 따르지 않는다.
- 다른 사람이 화낼 일을 자주 저지르고 반성하지 않는다.
- 자신의 실수를 인정하지 않고 남의 탓으로 돌린다.
- 자꾸 심술을 부리고 복수심이 강하다.

반항장애와 행동장애를 구분하는 법

반항장애아란 말 그대로 어른 등에 대해 반항하는 아이이다. 지시를 따르지 않는 것은 물론 일부러 어긋난 행동과 미운 짓을 골라 해 어른들에게 복수하는, 상당히 다루기 힘든 아이들이다. 그렇다고 행동장애아처럼 사회적 규범을 무시하거나 남의 권리를 심하게 침해하지는 않는다. 오히려 간섭하지 않고 내버려두면 자기 할 일은 자기가 알아서 하는, 유난히 자기주장이 강하고 고집이 센 아이들이다. 반항장애는 정상적인 발달단계에서 나타나는 정상 행동과는 다르다. 따라서 가정이나 학교에서 장애를 보이면 문제 증상이 가볍더라도 예방 차원에서 치료해야 한다.

반항장애의 원인

타고날 때부터 체질적으로나 기질적으로 자기주장이 강해 좋고 싫은 것이 분명하고 독단적인 성향을 가진 아이들이 있다. 한마디로 다루기 어려운 아이들이다. 반항적 기질을 보이는 데는 부모의 양육태도에도 문제가 있다. 아이들에게 권위적인 양육 태도를 보이는 부모들은 다른 형제와 비교해 유독 이 아이만 독단적인 성격을 갖고 있다고 느낀다. 고집이 센 아이와 권위적인 부모가 만나면 대립과 갈등을 피할 수 없다. 부모는 힘이나 권위로 아이의 행동을 통제하려 하고 아이 자신은 반항하므로 자연히 적대적인 관계가 형성된다. 때문에 반항장애는 마치 아이와 부모 간에 힘겨루기나 줄다리기 경기를 하는 인상을 준다.

반항장애의 치료

반항장애아는 특수교육기관이나 심리 상담기관에 의뢰해 놀이 치료와 상담 치료를 실시해야 한다. 먼저 치료자와 좋은 관계를 형성하고, 아이의 마음에 내재해 있는 분노를 반항적 행동이 아닌 말로 표현하도록 훈련시킨다. 아이에게 자신의 행동이 남에게 미치는 영향을 이해시키고, 외부 지시를 따르는 것이 지배에 대한 복종이 아니라 더불어 살기 위한 배려라는 개념을 심어준다. 부모는 아이를 다루는 데 있어 힘겨루기식 태도에서 벗어나 아이의 자존심을 살려주기 위해 노력해야 한다. 아이의 장점을 찾아 칭찬과 격려를 해주면서 부모 자식 간의 관계를 호전시켜 나가야 한다. 반항장애아 중 일부는 행동장애아로 성장할 수도 있으므로 각별히 주의해야 한다. 이를 예방하기 위해서는 전문가와 상담을 하고 가정 분위기 개선, 부모의 양육 태도변화 등이 필요하다.

학교에서
따돌림을 당해요

　한 초등학교 여학생이 "학교 친구들로부터 괴롭힘을 당해 더 이상 이 세상에서 살기가 어려울 것 같아 죽는다."는 내용의 유서를 써놓고 자살한 사건이 있었다. 집단 따돌림이 얼마나 심각한 사회문제인지를 보여주는 사례이다.

　'왕따'란 말은 이제 흔히 사용하는 일상어가 되었다. '왕따'란 '왕 따돌림'의 줄임말로, 친구들로부터 집중적으로 괴롭힘을 당하거나 집 단으로 따돌림 당하는 상태를 칭하는 은어이다.

　집단 괴롭힘이나 따돌림, '왕따'라는 용어와 함께 어떻게 아이들이 다른 사람들과 친해지고 따돌려지는지, 그리고 어떠한 단계를 거쳐 사회성을 깨우치게 되는지에 알아보도록 하자.

아이의 사회성 발달단계

인간에게는 인지적, 정서적, 도덕적, 언어적 능력의 발달에 따라 이에 상응하는 대인관계를 넓혀가는 교제의 발달단계가 있다. 교제의 과정은 한 단계가 지나야 그다음 단계로 넘어갈 수 있으며 연속적으로 진행된다. 아이에게 구체적인 욕구와 기호가 나타남에 따라 왕성해지기도 하고 쇠퇴할 수도 있다. 그러나 발달의 전 단계에 걸쳐 나타나며 사회적 관계를 형성한다.

1. 걸음마기

이 시기에는 동성의 친구들을 더 선호한다. 주로 주변 사람들과 교제한다. 이는 선택이라기보다 교제 기회를 더 많이 갖는 것이라고 봐야 할 것이다. 만일 다른 상황에 놓이면, 아이들은 좀 더 폭넓게 놀이 친구들을 사귈 수 있을 것이다. 걸음마기의 아이들은 친구와 같이 있어도 혼자 장난감을 갖고 노는 등 일방적인 놀이를 한다. 부모나 주변 사람들과 관계가 원만할수록 아이는 또래에 관심을 갖고 교제하려고 한다. 부모들이 관심을 갖고 지켜보면서 친구들과 어울리도록 도와주어야 한다.

아이는 자신에 대해 인식하기 시작하면 이름이나 나이를 기억하고 다른 사람과 자신을 차별화한다. 아이들이 일방적인 놀이에서 친구들과 어울려 숨바꼭질 등 협동적인 놀이를 하면서 말다툼과 시비가 생긴다. 그러나 아이들은 심하게 싸웠다가도 금세 잊고 다시 친하게 된다. 부모들은 아이에게 스스로를 방어하는 능력과 중요한 것이 무엇인지를 알려주어야 한다. 걸음마기에는 나름대로 자기주장이 생기고 자신의 의사를 표현하기 위해 노력하므로 주변 사람들이 여기에 귀기울여야 한다.

2. 유아기

이 시기에 해당하는 아이들은 친구와 함께 놀 수 있는 친구인지 아닌지를 중요하게 여긴다. 언어 능력이 발달해 다른 사람에게 자신이 가진 것을 자랑하기도 한다. 친구들과 협동적인 놀이를 즐기며 이 놀이에 참여할 다른 사람을 끌어들일 줄 알게 된다. 이 시기에는 경쟁심을 불러일으키는 놀이를 주로 하며 흑백논리에 의해 판단된다. 이 시기의 아이들은 독립적으로 행동하며 집으로부터 멀리 떨어진 곳까지 돌아다니게 된다.

아동기에 차례 지키기, 나누어 갖기, 기다리기 등을 인지시켜야 한다. 걸음마기에는 부모들이 고함지르기, 때리기, 피하기, 무시하기와 같은 신체적인 방법을 동원해 갈등을 해결했으나, 이 시기에는 언어를 통해 아이의 문제를 바로 잡을 수 있다. 똑똑한 아이들은 떼를 쓰거나 공격적인 행동보다 머리를 써서 문제를 해결한다.

지배적인 성격의 아이는 장난감을 빼앗고, 주목을 끌기 위해 다른 아이를 괴롭혀서 울리는 등 공격적인 방법을 동원해 자기 목적을 성취한다. 이 시기의 공격성은 상징적인 것일 수도 있다. 예를 들어, 한 아이가 약한 아이를 지배할 수 있는 힘을 가지고 있다는 것을 보여주기 위해 장난감을 빼앗지만, 갖지 않고 바로 버리고 금방 잊어버린다.

또는 정말 그 장난감을 갖고 싶어 빼앗는 경우도 있다. 다른 아이를 괴롭히는 아이는 자기주장이 강하고, 충동적이다. 이런 아이는 강한 인내심을 가지고 있거나 반대로 인지 발달이 제대로 안 돼 실제의 싸움과 놀이에서의 싸움을 구분하지 못할 수도 있다. 대부분 유아기 아이들은 특별한 이유 없이 싸우곤 한다.

3. 아동기

대부분의 아이들은 또래 아이들과 몇 년간 교제를 하게 된다. 아동기에는 주로 동성 및 또래의 친구들을 사귀고 친하게 지낸다. 유치원이나 학교에서 단체생활을 경험하고 또래 아이들과 집단을 만들기도 한다. 이 시기의 아이들은 다양한 언어를 사용할 수 있고 조리있게 말 할 수 있게 된다. 예를 들면, 친한 친구들 사이에서나 집에서는 비속어를 섞어가며 편하게 말을 하지만 선생님에게는 공손한 표현을 사용한다. 친구 간에 서열화가 이루어지는데, 누구네 집의 자동차가 제일 크다, 누구네 집이 가장 부자이다 등으로 결정되기도 한다. 다른 친구를 통제하기 위해 '만약 네가 이 일을 같이 하면, 나는 네 친구가 될것이다'라고 말한다.

이 시기에 공격적인 아이들은 다른 아이들에게 자신의 힘을 과시하려고 노력한다. 이런 아이들은 다른 아이들을 지배하기 위해서 놀이를 할 때 대장이 되려고 한다. 또한 경찰과 강도놀이, 전쟁놀이 등을 하면서 지도자가 되려고 한다. 김두한이 주인공으로 나오는 드라마가 인기 있자 아이들은 너도나도 자신이 김두한이라고 하며 놀기도 했다. 이렇게 놀이에서 대장이 되는 것은 그 집단을 지배하기 위해 자신들의 힘을 과시하는 도구가 된다. 공격적인 아이들은 친구들이 자신에게 도전하지 못하도록 무서워하게 만들며 무조건 순종하도록 시킨다.

이 시기에는 공격적인 행동을 미리 계획하거나, 나쁜 행동을 계속하기도 한다. 처음에 어떤 아이를 괴롭히려고 했다가 오히려 좌절을 경험하면 그다음에는 더 약한 대상을 골라 괴롭힌다. 공격적인 아이는 다른 사람의 비난을 받거나 반박을 당하면 분노를 터뜨린다.

아동 집단의 역동성

아이들은 또래끼리 모여 집단을 형성한다. 여기에 들어오고 싶어 하는 아이들을 받아들이거나 혹은 거부하면서 스스로 집단의 경계를 확립하고 정체성을 키운다.

1. 집단에 가입

아이들은 공동 관심사나 비슷한 목표가 있을 때, 나이나 가정환경이 비슷한가에 따라 특정한 아이를 집단 구성원으로 받아들일 것인가를 결정한다. 일단 집단을 이루면 규칙과 행동 강령을 지켜야 하고 이 과정에서 행동이나 습관이 비슷해진다.

여름 캠프에 참여한 대립적인 두 집단의 행동을 관찰하면 이를 확인할 수 있다. 한 집단은 남성성을 중시하는 집단이고, 다른 집단은 인간성을 중시하는 집단이다. 두 집단 모두 자기 집단에 새로 들어오려는 학생들에게 자기 집단이 중시하는 가치를 확실하게 받아들일 때까지 격려와 질책을 하며 빠르게 받아들이도록 유도한다. 대부분의 학생들은 그 집단에 남기 위해서 전문가들도 놀랄 정도로 빠르게 행동을 고치는 것으로 나타났다.

2. 따돌리기

사회적 동물인 인간은 따돌림 당하는 데 매우 민감하다. 학령기 이전의 아이들도 집단으로부터 따돌림 당하는 것에 예민하다. 아이들은 혼자 놀기보다는 비록 싫어하는 아이일지라도 함께 노는 것을 더 좋아한다. 그래서 주로 여자아이들은 따돌림, 험담 등을 괴롭힘의 수단으로 사용한다. 따돌림 당하는 아이들은 자신감이 없어지고 다른 아이들 때문에 고통 받을 수 있으며, 집단에 들어가려고 할 때 거절당하거나 조롱받을까 두려워하게 된다. 때문에 집단에 들어가려고 하는 아이는 그집단에서 용납되지 않는 행동을 스스로 고친다. 그러나 따돌림 당한 아이들은 그렇게 하기 힘들다. 또한 아이들에 따라서는 개성을 상실하고 너무 순종적이 될 수도 있다. 부모나 주변 사람들은 아이에게 다른 사람의 의견을 받아들이고 순응하는 법과 사람마다 개성이 있다는 것을 인식시키고 개인차를 존중하도록 지도해야 한다.

3. 응집력

응집력이 강한 집단은 구성원의 태도와 행동에 강력한 영향력을 발휘한다. 응집력을 측정하는 데는 아이에게 제시되는 요구 수준, 아이의 순응 정도, 외부의 공격을 받는 구성원에 대한 대처방법, 외부의 위협에 대처할 수 있는 힘, 입회의 난이도 등을 살펴본다. 집단 내에서 사용하는 용어를 분석하는 것도 응집력의 수준을 측정하는 한 방법이다. 예를 들어, 나보다 우리라는 말을 더 쓰면 집단의 응집력이 강하다는 것을 나타낸다. 우리라는 말에는 우리는 집단 안에 있고, 너는 집단 밖에 있다는 의미를 내포하고 있으며, 집단의 경계를 확고하게 해준다. 한 아이를 따돌리기 위해 집단 구성원끼리 더욱 강하게 응집하는 모습을 보이기도 한다.

가족의 부정적인 관계

사람은 누구나 약하고 의존적인 존재이다. 특히 아동기에는 자신의 능력을 시험하고 자신과 가장 가까운 사람들(대개 가족 구성원들)에게 도전하여 자신의 목적을 달성하고자 한다. 만약 이러한 시도들이 이해되고 어느 정도 충족되면, 다른 사람들과의 관계에서도 적용하려고 한다. 반면, 그러한 시도가 비판을 받거나 반복적으로 부정되면 아이는 자신감을 잃고 내성적으로 변하며 불안해한다. 이를 신체적 또는 언어적 공격으로 통해 다른 사람을 무시함으로써 보상받으려고 한다. 곧 자긍심이 낮은 아이는 자신보다 더 약한 아이들을 찾아내 그들을 괴롭히면서 자긍심을 높이려고 한다. 비슷한 환경에서 자랐더라도 공격성이 강한 아이는 가해자가 되고, 성격이 유순하고 소극적이며 내성적인 아이는 집단 괴롭힘, 곧 '왕따'의 피해자가 될 수 있다. 가해자나 피해자 모두 성장과정에서 자신의 아버지로부터 거부당했던 경험을 갖고 있다고 한다. 가해자는 강하고 활동적인 반면, 피해자는 그 반대라는 것이 차이점이다.

유아기에는 좌절과 분노를 솔직하게 드러낼 수 있는 가정의 분위기가 조성되어야 한다. 만일 그렇지 못하면, 아이는 불안하여 화를 제대로 표현하지 못할 수도 있다. 이런 부정적인 감정들이 계속 쌓이게 되면 다른 사람들에게 공격적인 행동을 하거나 내성적 성격으로 변하게 된다. 부모가 지지하고 인정해 주면 아이는 자신감 있고 긍정적인 성격을 갖게 되며 자신의 장·단점을 분명히 알 수 있게 된다.

부모가 아이들에 대해 부정적으로 대하면 아이에게 나쁜 영향을 준다. 특히 어머니가 거칠고 냉담하게 아이들을 대하면 남을 괴롭히는 아이가 될 수 있다. 로랜드Roland는 어머니가 아이들을 거부하면 할수록 거부당한 아이는 남을 더 많이 괴롭힌다고 말한다.

남을 괴롭히는 아이의 가정은 다음과 같은 특징이 있다.

1. 귀가 시간의 통제 등 아이에 대한 부모의 관리감독이 소홀하다.
2. 부모의 사랑이나 관심이 부족하여 아이가 부모와 가정에 대해 반감을 갖고 있다.
3. 통제와 양육에 일관성이 없고, 지나치게 방임적이거나 때로는 체벌을 심하게 한다.
4. 폭력적인 행동이 묵인되고, 거칠고 공격적인 행동이 조장된다.
5. 부모 스스로가 남을 괴롭히는 사람이다.
6. 부모의 불화 등으로 가정 분위기가 험악하거나 불안정하다.

체벌과 권위적인 양육 방법

　지나치게 체벌을 하고 권위적인 부모의 양육방법은 아이를 적대적이고 공격적으로 만든다. 강압적인 환경에서 성장한 아이들은 대개 나중에 부모가 되어 똑같은 방식으로 자신의 아이들을 양육하게 된다. 부모들이 적대적인 태도로 처벌만 하면 아이들은 두려움과 불안감에 휩싸인다. 아이는 모든 일에 자신감이 없어지고 또래 아이들과도 어울리지 못하며 놀림의 대상이 된다.

　같은 강압적인 가정환경이라도 아이의 건강 상태와 성격에 따라 남을 괴롭히는 사람이 될 수도 있고 반대로 괴롭힘을 당할 수도 있다. 부모가 체벌을 사용하면 아이에게 폭력이 다른 사람을 통제하는 효과적인 방법이라는 것을 보여주는 셈이고, 아이는 이것을 그대로 따라하게 된다.

　부모들은 아이에게 다른 사람을 때리면 혼난다고 경고하는데, 이것은 부모는 아이를 때릴 수 있으나, 아이는 다른 사람을 때려서는 안 된다고 가르친다. 그러나 공격적인 부모를 보면서 자란 아이는 이를 모델링하여 형제나 약한 아이들에게 폭력을 행사한다. 이는 왜 남자아이들이 여자아이들보다 다른 아이들을 신체적으로 더 많이 괴롭히는가를 부분적으로 설명해 준다.

　어렸을 때 처벌만 받고 자란 사람은 나중에 어른이 됐을 때 자신이 알고 있는 유일한 교육방법인 체벌로 아이를 양육한다. 이외에 폭력이 악순환되어 나타나는 경우에도 아이를 체벌한다.

　남편에게 폭력을 당한 부인은 다른 사람들보다 자신의 아이를 더 많이 때리는 것으로 밝혀졌다. 곧 남편은 아내를 때리고, 아내는 자기 아이를 때리며 그 아이는 나중에 자기 부모를 공격하게 되는 것이다. 스트라우스_{Straus}에 의하면, 어렸을 때 가정에서 폭력을 목격했던 어머니는 아이를 학대할 확률이 다른 사람들보다 4배나 많은 것으로 나타났으며, 아이의 신체적 학대가 3대에 걸쳐 이루어지는 경우도 있다고 한다.

가정폭력의 일반적인 현황을 연구한 뉴슨_{Newson}은 자신이 면담한 부모의 50퍼센트 이상이 말을 안 듣는다는 이유로 자녀를 때렸다고 보고했다. 대부분은 1주일에 한 번, 8퍼센트는 매일 때렸으며 여자아이보다는 남자아이에게 더 자주 벌을 주었다는 것이다. 이것이 남자들이 다른 사람을 괴롭힐 때 주로 신체적인 폭력을 사용하는 원인이 된다. 가정에서 폭력을 목격했거나 폭력의 대상이 되었던 남자아이들은 공격적이고 파괴적으로 되는 반면에, 여자아이들은 수동적이고 내성적으로 변한다고 한다. 또 학대받은 아이들은 다른 아이들보다 자기 또래에게 공격적일 확률이 2배 높으며 청소년들 사이에서도 유사한 결과가 나타난 것으로 밝혀졌다.

어떤 부모는 문제를 해결하고 목적을 달성하는 데 있어서, 아이가 폭력을 사용하도록 허용하고 심지어 조장하기도 한다. 패터슨_{Patterson}이라는 학자는 공격을 묵인하는 두 가지 유형의 부모 집단이 있다고 주장한다. 한 집단은 잔소리는 하지만, 실제로 아이의 공격적인 행동을 규제하려는 의도가 없어서 결국 내버려두는 방임형 부모이다. 또 다른 집단은 아이에게 사회적인 행동을 훈련시키고 시도하면서도 계속 공격적인 행동을 허용하는 선택적 방임형 부모이다. 이들은 공격적 행동을 못하게 했다고 주장하지만, 아이는 싸움을 하며 큰다는 생각을 갖고 있어 공격을 은연중에 옹호한다.

경제력이나 가정환경뿐만 아니라, 가족이 폭력을 대하는 태도가 아이의 행동에 영향을 미친다. 부모들이 폭력에 대해 방관적이면 아이들에게 공격이 다른 사람을 통제하는 하나의 용인된 방법인 것으로 인식시키게 된다. 이외에도 과거에 공격적 행동을 하고 이를 통해 원하는 것을 얻거나 보상받았던 경험이 있는 아이는 공격적인 행동을 계속한다. 예컨대, 공격당한 아이들은 울고 소리치며 물러서거나 원하던 장난감을 포기하지만, 공격자는 장난감을 갖는 것으로 보상을 받는다.

가정적 요인

집단 따돌림에 관한 연구 결과를 살펴보면 가해자와 피해자 모두에게 가정적 요인이 있음을 알 수 있다. 미첼Mitchel과 오무어O`Moore라는 학자는 가해자들이 70퍼센트가 가정환경에 문제가 있다는 것을 밝혀냈다. 이 연구에 따르면 피해자와 가해자를 포함하여 괴롭힘의 문제를 겪는 아이들의 3분의 1이 가정환경에 문제가 있다고 한다.

가정은 생生의 안식처이며 마음의 보금자리라고 한다. 가정은 사회적 규범을 가르치고 아이의 버릇없는 행동을 바로잡아 사회에 적응할 수 있도록 해준다. 때문에 가정의 분위기, 가족들 간의 상호작용, 아이와 부모의 관계, 양육방식 등이 아이의 집단 따돌림에 큰 영향을 미친다.

이처럼 연구 결과 가정적 요인들이 집단 따돌림에 영향을 주는 것으로 밝혀졌다.

다음과 같은 상황을 겪은 아이들이 집단 괴롭힘의 피해자가 되어 괴롭힘을 당하거나 집단 괴롭힘의 가해자가 된다.

1. 부모에 대한 부정적인 태도.
2. 권위적인 부모의 양육 방식.
3. 공격적인 행동을 방임하는 부모의 태도.
4. 부모의 잦은 불화.
5. 위협적인 가족 분위기.
6. 아이의 긍정적인 변화를 유도할 줄 모르는 부모의 무지.

부모의 불화

가정이 불행하거나 부모가 사이가 좋지 않으면 아이가 괴롭힘 당해도 제대로 도와주지 못한다. 또한 불행한 가정 분위기는 아이들에게 악영향을 미칠 수 있다. 갈등을 겪는 대부분의 부부들은 '자식 때문에 어쩔 수 없이 산다.'고 말한다. 그러나 사이가 나쁜 부모와 함께 사는 것보다 이혼 후 따뜻하고 안정된 가정 분위기에서 사는 것이 오히려 아이에게 좋다고 한다. 러터Rutter라는 학자는 적대적인 부부관계는 이혼하여 한쪽 부모가 없는 것 보다 더 부정적 영향을 미친다고 밝혔다.

부부간의 갈등은 자녀에게 직·간접적인 영향을 준다. 원만하지 못한 부부관계는 어머니와 자녀의 관계를 악화시킨다. 곧 부부간의 갈등에서 받는 스트레스로 인하여 자녀와의 관계가 악화되는 것이다. 부부 싸움으로 인해 어머니의 사랑과 관심이 줄어들어 부모의 불화를 지켜보는 아이의 고통은 더욱 커지게 된다.

남을 괴롭히는 아이와 괴롭힘 당하는 아이들의 가정환경을 살펴보면 모두 가정환경에 문제가 있다. 미첼과 오무어라는 학자는 가해 아이가 이혼, 부모의 알코올 중독, 가난, 어머니의 애정 부족, 일관성 없는 양육 등의 가정환경을 갖고 있다고 주장한다. 이러한 요인들은 성인 우울증과 관련이 있으며 부모와 자녀 간의 상호작용에 영향을 주는 요인이 될 수 있다. 부모가 불안한 성격을 갖고 있으면 양육에 일관성이 없어서 아이는 적절한 행동을 배우지 못하고, 결국 무기력한 상태가 된다.

대부분의 성인들이 아동기에 형제들에게 괴롭힘을 받았다고 한다. 그 당시에는 괴롭힘이라고 생각하지 않지만 그 영향으로 자라면서 형제들과 관계가 소원해지게 된다. 특히 괴롭힘이 형제들 사이에서 더 쉽게 일어나고 있다는 연구 결과가 제기돼 부모들을 놀라게 한다. 가해자가 동생인 경우도 있다. 동생은 손위 형제들보다 싸움을 일으키기 쉬우며, 손위 형제들이 이에 대해 보복하면 어른들로부터 혼날 가능성이 두 배로 많기 때문이다.

연구결과, 대체로 3~4세에 형제관계가 좋지 않은 경우, 4년 후 쯤에 문제 행동으로 이어진다는 것이 밝혀졌다. 외동아이들이 늘어나고 있지만 대부분의 아이들이 형제들과 같이 자라기 때문에, 형제들이 서로에게 어떻게 영향을 미치는가를 주의 깊게 살펴봐야 한다. 또한 형제의 행동이 가족 내에 있는 다른 형제들의 성격에 영향을 미친다는 주장이 제기되기도 했다.

때로는 아이가 자신을 대하는 가족들의 부정적 태도로 상처를 받기도 한다. 가족들은 그 아이에 대해 부정적으로 생각하기 때문에 야단만 치게 된다. 똑같은 잘못을 했더라도 다른 형제들보다 더 심한 벌을 받게 된다. 아이는 여기에 분노를 느끼고 공격적인 성격을 갖게 된다.

가정 내에 문제가 생기면 아이는 정신적으로 충격을 받게 된다. 예를 들어, 아버지가 갑작스럽게 직장을 잃는 경우, 아이는 경제적인 변화는 물론 부모가 겪는 스트레스와 성격적 변화에 적응하면서 정서가 불안정해진다.

부모가 아이에 대해 기대가 크면 클수록 아이는 부담을 느끼고 문제 행동을 일으킬 수 있다. 그런데 가족들은 외부로부터 도움을 구하는 것을 아주 꺼린다. 문제 가정이라는 꼬리표를 달게 될 것을 우려하기 때문이다.

부모의 행동변화

아이들을 도와주는 데 있어서 고려해야 할 것은 모든 가족 구성원이 변화에 대한 진정한 바람을 갖고 있는가 하는 점이다. 문제가 많은 가족일수록 변화를 바라지 않는다.

아이의 변화를 유도하려면 부모의 행동을 변화시키는 것과 아이의 행동을 변화시키는 것이 병행되어야 한다. 부모를 변화시키기 위해서는 부모 교육과 치료법 훈련이 효과적이다.

부모의 양육 방법이 어떠한가에 따라 문제 아이들이 긍정적으로 변화할 수 있다.

1. 부모가 아이를 가르칠 때 옳고 그름에 대한 확고하고 공정한 양육방법을 사용한다.
2. 아이가 주로 가는 곳이 어디인지 부모가 면밀히 감독한다.
3. 아이가 긍정적인 행동을 했을 때 격려와 칭찬을 해준다.
4. 아이가 문제를 해결할 수 있도록 훈련시킨다.

위의 네 가지는 아이를 긍정적으로 변화시키는 방법들이다. 이것은 온정적인 가정 분위기에서 확고하고 일관된 양육방법을 기반으로 이루어져야 하며, 부모와 아이가 긍정적이고 따뜻한 관계를 형성해야 한다.

괴롭힘을 부추기는 학교

학교 내에서 집단 괴롭힘이나 따돌림의 문제가 점점 심각해지고 있다. 그런데 이에 대한 선생님들의 지도 방침이나 구체적으로 막을 정책이 있어도 이를 감독 관리할 만한 방법이 없다. 또한 선생님의 지도와 배려가 전무한 상태여서 학부모를 안타깝게 하고 있다. 현 입시 제도에서는 선생님들이 입시와 경쟁을 부추기게 되어 올바른 교육이 이루어지기 힘들다. 입시만 지나치게 강조하다 보니 인성과 사회성, 도덕성에 대한 교육의 문제가 심각하게 대두되고 있다. 상대를 배려하고 타인의 개별성을 인정할 수 있는 참교육이 절실히 필요하다.

타인이나 상대의 약점을 자신의 스트레스를 해소하기 위한 수단으로 이용하는 아이들이 그대로 자라면 어떻게 될까! 인간성의 상실로 매우 극심한 갈등이 생길 것이다. 학교 교육에는 학습뿐만 아니라 바른 인성 교육을 위한 아이들의 생활지도가 이루어져야 한다. 선생님들은 다른 기관이나 전문가들의 도움을 받아 아이들이 왜 집단으로 한 아이를 괴롭히는지, 그 심리에 대해 이해하고 이를 방지하기 위해 노력해야 한다. 이때 개별 지도와 집단 지도를 동시에 하면서 역할극을 통해 서로의 입장을 바꾸어 생각해보도록 교육한다. 부모들과 협조하여 가정 교육을 비롯한 연계성 교육을 한다.

남을 괴롭히는 아이

남을 괴롭히는 아이들은 죄책감을 거의 느끼지 못한다. 오히려 남을 괴롭히기 위해 빈틈없이 계획을 세우며 괴롭힘을 당하는 아이들을 비웃거나 자신이 저지른 행동을 정당화하려고 한다.

남을 괴롭히는 아이들은 대체로 같은 집단 내에 있는 다른 아이들보다 도덕성 발달이 결여된 경우가 대부분이다. 이런 아이들의 경우, 다른 아이의 입장을 이해하지 못하고 자신이 하는 조롱과 놀림을 단지 장난으로만 여긴다.

남을 괴롭히는 아이들은 다음과 같은 특징이 있다.

1. 공격적이고 충동적이다.

2. 남을 괴롭힌다는 것에 대해 별로 개의치 않는다.

3. 괴롭힘당하는 아이에 대해 죄책감이나 수치심, 동정심이 없다.

4. 힘이 세고 거칠며, 지배적이고 자신감에 가득 차 있는 것처럼 보인다. 이것을 또래 아이들은 지도력으로 혼동할 수도 있다.

5. 의사소통을 잘하고 유머 감각이 풍부하며, 언어발달이 빠른 편이다.

6. 괴롭힘당하는 학생보다 인기가 많은 편이지만, 그 인기는 나이가 들면서 없어진다.

7. 괴롭힘을 가하는 아이는 성인이 돼서도 반사회적이고 범죄를 저지를 가능성이 높다.

8. 여자아이의 경우 고함을 지르거나, 또래 친구들과 집단으로 선생님을 무시하는 경향이 있다.

남을 괴롭히는 아이의 성향

아이들의 경우 괴롭힘은 힘의 불균형 상태에서 발생한다. 괴롭힘당하는 아이들은 대게 신체적으로 약하고 자신의 생각을 주장하지 못한다. 다른 사람들에게 자신의 힘을 발휘하고 과시하려는 욕구와 강자가 약자에게 우월성을 주장하려는 것은 인간의 본능에서 비롯된 것일까?

남을 괴롭히는 아이의 성향은 다음과 같이 요약할 수 있다.

1. 집에 있는 시간이 거의 없으며, 가족들과 긍정적인 상호작용이 거의 없다.
2. 비교적 자신감 있어 보이고 의사소통도 활발하다. 어른의 질문에 재치 있게 대답하고, 자신의 문제를 드러내 놓고 이야기한다.
3. 남자아이의 경우 "남자답다"라는 말을 듣고 싶어 하며 지배적인 면이 강하다.
4. 어떤 일에도 불안해하지 않는 편이다.
5. 자기 자신을 강하고 능력 있는 사람으로 착각하며 자신감이 있고 외향적이다.
6. 어떤 문제가 생겼을 때 대처 능력이 있고 독립적이다.
7. 괴롭힘당하는 아이가 벌을 받을 만하다는 잘못된 생각에 빠져 있다.
8. 사회적으로 대담한 사람으로 인정받는다.

남을 괴롭히는 아이의 학교생활

초등학교 운동장에서는 우월성을 확보하기 위해 남자아이들끼리 벌이는 싸움을 자주 볼 수 있다. 학교 복도나 버스 정류장에서 장난스러운 행동을 하는 중·고등학교 학생들을 주의 깊게 살펴보면, 그들 중에서 좀 더 우위에 있는 학생을 쉽게 가려낼 수 있다. 그들의 학교생활을 살펴보면 다음과 같다.

1. 반 선생님이나 학교 활동에 대하여 부정적인 태도를 보인다.
2. 반 친구들에게 인기가 많은 편은 아니지만 괴롭힘당하는 학생보다는 많은 편이다. 리더십과 혼동될 수 있는 지배성을 갖고 있어 리더 역할을 맡기도 한다.
3. 자기를 따르는 학생들 외의 다른 학생들에 대해서는 부정적인 태도를 취하지만, 괴롭힘당하는 학생보다는 더 많은 또래의 지지를 받는 편이다.
4. 평균 정도의 지적 능력을 가지고 있으나 학교 성적은 낮다.
5. 폭력 사용에 대해 긍정적인 태도를 가지고 있다.
6. 강한 남자의 이미지, 곧 남자다움에 대해 동경을 가지고 있다.
7. 타인에 대한 배려와 이해가 없으며, 공격적 충동에 대한 통제력이 부족하고 죄책감도 거의 없어 스스로를 충동적인 성격을 갖고 있다고 오해하며 이런 자신에 만족한다.
8. 자신보다 약한 아이들을 괴롭힐 수 있는 상황을 만들며, 이를 통해 자신의 강함을 확인한다.

부모의 대응 방법

아이가 괴롭힘당하고 있다는 것을 알았을 경우에 부모는 다음과 같이 대응해야 한다.

1. 담임선생님에게 주의 깊게 지켜봐 달라고 부탁하고 다른 선생님

에게도 알리도록 한다.

2. 학교에 괴롭힘의 문제가 알려지면 일단 이것이 중단된다. 아이에 대한 괴롭힘이 중단되면 학교에 알린다.

3. 아이가 가장 편안하게 생각하는 선생님에게 괴롭힘의 문제를 말하도록 시키고 그렇게 했는지 확인해본다.

4. 만일 가정 내에서 아이가 괴롭힘당하는 문제에 대해 의논할 경우 아이가 듣지 않는 곳에서 한다.

5. 아이와 대화를 통해 문제를 논의하며 어떻게 상황을 바꿀 수 있는지 함께 고민한다. 이때 과민 반응을 보이지 말고 감정적으로 행동하지 않아야 한다. 아이의 말을 침착하게 듣고 사실을 규명하려고 해야 하며 아이의 자존심을 상하게 하는 일은 피한다.

6. 대부분의 사람들에게 괴롭힘은 한 번쯤 일어날 수 있다는 것과 그 괴롭힘을 피하고 대처하는 법을 알려준다.

7. 다른 부모들과 아이 문제로 이야기하다 보면, 자기 아이가 따돌림을 받는다는 사실에 수치심을 느낄 수도 있으므로 유의한다.

8. 아이가 새로운 친구를 사귈 수 있도록 도와주고, 집으로 돌아오면 괴롭힘을 잊을 수 있도록 이야기를 나눈다. 그리고 재미있는 이야기를 들려줘서 유머 감각을 키워준다.

9. 아이가 자신감을 가질 수 있도록 도와야 한다. 자신감이 없으면 괴롭힘을 당할 수 있기 때문이다.

10. 조롱과 비웃음은 때로 미리 예상하여 대비할 수도 있다. 그러므로 아이가 별명 때문에 괴롭힘을 당하고 있다면, 그 별명에 익숙해지게 하고 과민 반응하지 않으면 별명 부르기가 중단될 것이

라는 것을 설명해준다.

11. 만약 아이가 학교 밖에서 불량 학생들에게 괴롭힘을 당하고 있다면 경찰에 신고하거나 고발하는 것을 고려해본다.

형제가 해야 할 일

형제나 친구들은 선생님이나 부모가 알기 전에 괴롭힘을 당하고 있다는 사실을 먼저 알 수 있으므로 괴롭힘당하는 아이를 위해 다음과 같은 일을 하도록 부모나 선생님들이 교육시킨다.

- 괴롭힘당하고 있는 아이를 설득해 부모나 선생님에게 솔직하게 털어 놓을 수 있도록 유도한다.
- 괴롭힘당하는 쪽에 도움을 줘야 한다.
- 선생님에게 알리는 것은 괴롭힌 아이를 처벌 받게 만드는 것이 아니라 괴롭히는 행동을 그만두게 하기 위한 것이라는 점을 알려준다.
- 학생회의에서 괴롭힘 문제를 제기하거나 수업시간 중에 토론을 통해 이 문제를 다루도록 건의한다.
- 가능한 한 많은 사람들이 알도록 한다. 특히 선생님에게 괴롭힘당하는 아이가 있다는 것을 알려서 적극적으로 개입하도록 한다.
- 괴롭히는 아이에게 폭력을 사용하지 않도록 한다. 만약 화를 참지 못하고 폭력을 사용한다면 자신 역시 가해자가 되어 처벌을 받는다는 점을 인식시킨다.

• 괴롭힘당하고 있는 아이가 혼자서 문제를 처리하도록 내버려두지 않는다. 주위의 여러 사람과 이 문제에 대하여 함께 의논하도록 한다.

초기 대응의 중요성

괴롭힘당하는 아이가 있다는 것을 알면서도 이것을 해결하지 않고 그대로 둔다면, 반 친구나 담임선생님이 바뀌어도 괴롭힘은 계속된다.

이렇게 괴롭힘이 습관화되면, 선생님이 지도하기 어려울 뿐만 아니라 괴롭힘당하는 아이의 고통은 상상할 수 없을 정도로 커진다. 이런 피해를 줄이기 위해서는 초기에 대응하는 것이 매우 중요하다. 부모나 선생님들이 이차적인 문제로 커지는 것을 미리 막을 수도 있다.

맞벌이 부부의 아이 사랑 도움말 10가지

1. 아이를 떼어놓고 출근하기 위해 거짓말을 하지 않는다.
2. 몸이 피곤하더라도 아이는 꼭 데리고 자야 아이가 사랑받고 있음을 느낀다.
3. 기회가 있을 때마다 눈을 맞추면서 안아주고 쓰다듬어준다.
4. 아이가 언제라도 연락할 수 있도록 휴대폰 등을 갖춰준다.
5. 물건이나 돈으로 부모 역할을 대신하지 않도록 한다.
6. 나쁜 버릇은 빨리 고칠 수 있도록 한다.
7. 아이의 나이가 어릴수록 낮에 돌봐주는 사람을 자주 바꾸지 않는다.
8. 아이가 무엇을 좋아하는지에 관심을 가진다.
9. 하루에 한 시간 이상 아이와 놀아주거나 대화를 한다.
10. 아이가 어머니의 직업을 자랑스럽게 생각하도록 일에 대해 긍정적인 이야기를 자주 들려준다.